D0611033

La belle histoire
d'un Maître

Louise-Marie Frenette

La belle histoire
d'un Maître

◆

Omraam Mikhaël Aïvanhov

ÉDITIONS PROSVETA

Données de catalogage avant publication (Canada)

Frenette, Louise-Marie, 1932-
    La belle histoire d'un maître : Omraam Mikhaël Aïvanhov

Pour les jeunes de 8 à 12 ans.
ISBN 1-895978-26-2

    1. Aïvanhov, Omraam Mikhaël, 1900-1986--Ouvrages pour la
jeunesse. I. Titre. II. Titre: Omraam Mikhaël Aïvanhov.

BP610.A352F73 2000   j299'.93   C00-901594-9

Prosveta Inc.
3950, Albert Mines, North Hatley, QC, Canada J0B 2C0

Éditions Prosveta S.A. – B.P. 12 – 83601 Fréjus Cedex (France)

À tous les enfants
du monde

Un nouveau-né qui sourit

Le jour de la naissance de Mikhaël, il fait très froid. C'est l'aube du 31 janvier 1900, dans le petit village de Serbtzi, au beau pays de Macédoine. Le ciel est encore rempli d'étoiles et on vient tout juste d'entendre le chant des coqs. Le soleil se lèvera bientôt.

En naissant, Mikhaël ne pleure pas, il ne pousse pas de cris comme le font tous les nouveau-nés. Au contraire, il se met à sourire. Et tout au long de la journée, il sourit à chacune des personnes qui se penche sur lui. Dans sa famille, on s'exclame, on se réjouit de la naissance de cet enfant étonnant.

Dolia, sa mère, demande que la cérémonie du baptême soit faite le jour même. Toute la famille se rassemble, le curé de la paroisse arrive, il verse de l'eau bénite sur le front de Mikhaël et prononce des prières. Ce prêtre ne boit jamais de vin, mais aujourd'hui, il accepte de fêter la naissance de Mikhaël

avec la famille. Il lève son verre en disant :
« *Na zdravé* ! Santé ! » Puis il ajoute :

– Vraiment, cela ne m'est jamais arrivé !
Cet enfant est différent de tous les autres.
Il fera plus tard de grandes choses. Mais il
devra choisir : du côté du mal ou du côté
du bien.

Une famille d'agriculteurs

Mikhaël grandit. Tous ceux qui ont
entendu les paroles du prêtre ont fini
par les oublier, mais Dolia garde cette
prédiction dans son cœur. Elle sait que
son fils deviendra quelqu'un d'exceptionnel, et elle l'élève avec le plus grand
amour.

Sa vie n'est pas facile, car elle est éloi-
gnée de son mari pendant de longues
périodes. Ivan travaille en Bulgarie, le
pays voisin, et il ne revient à Serbtzi
que de temps à autre pour de courtes
périodes.

Il faut savoir qu'à l'époque de l'enfance de Mikhaël, la Macédoine, qui est
un petit pays, est souvent attaquée par les
nations voisines. Des bandes de soldats
armés brûlent des villages entiers et
détruisent les récoltes. Toutes ces guerres
rendent les gens très pauvres. Les condi-

tions de vie deviennent si difficiles que beaucoup d'hommes sont obligés de quitter leur village pour aller travailler dans les villes.

C'est pour cette raison que le père de Mikhaël a décidé d'essayer sa chance en Bulgarie. Il a monté une petite entreprise de charbon de bois à Varna, une ville située sur la côte de la Mer Noire.

Dolia souffre de cette séparation, mais elle sait que son mari viendra la chercher dès qu'il aura les moyens de l'installer à Varna avec Mikhaël. En attendant, elle vit avec ses beaux-parents dans une grande maison de ferme.

La famille est nombreuse, composée d'oncles et de tantes qui sont tous mariés et qui ont des enfants. Mikhaël fait donc partie d'une famille de petits dans la famille des grands.

Tous les matins, les hommes et les femmes vont aux champs où ils cultivent des céréales et des légumes. Les femmes ont chacune leur jour pour rester à la maison et s'occuper des enfants, faire le ménage et les repas pour les autres travailleurs.

Les petits messagers de bonheur

À quatre ans, Mikhaël a le droit de participer à une jolie coutume de son pays : le matin du Nouvel An, les petits garçons vont de maison en maison pour appeler les bénédictions du ciel sur les familles. Pendant toute cette journée-là, ils sont considérés comme des messagers de bonheur.

Plusieurs villageois sentent qu'il y a en Mikhaël quelque chose de spécial, une qualité rare, un peu mystérieuse. Cet enfant-là est différent des autres, et c'est avec sa bénédiction qu'ils veulent commencer la nouvelle année. Ils l'attendent très tôt, avant les autres enfants.

Sa mère l'éveille donc à l'aube. Elle lui met des vêtements bien chauds et lui fait répéter les souhaits qu'il devra réciter. La veille, elle a coupé une petite branche sur un arbuste appelé *cornouiller* et elle y a attaché des rubans de couleur. Mikhaël tient cette baguette dans sa main droite et sort avec sa mère dans le froid et la neige.

Encore à moitié endormi, l'enfant fait de son mieux. Dans chacune des maisons, il touche de sa baguette les personnes qui se sont réunies pour l'attendre. Il dit d'une voix claire :

– Que Dieu vous donne une bonne santé et des récoltes abondantes !

Serbtzi est un village d'agriculteurs, et ces deux souhaits sont très importants. Les adultes remercient en donnant une pomme, une brioche ou des bonbons.

Ce matin-là, tous les petits messagers de bonheur reçoivent quelque chose. À la fin de leur tournée, le sac qu'ils traînent derrière eux est rempli de gâteries qu'ils partageront avec toute leur famille en ce jour de l'An.

À quoi servent les fils ?

Une des jeunes cousines de Mikhaël est la tisserande attitrée de la famille. Elle confectionne des vêtements, et aussi des nappes, des serviettes et des draps. Son métier à tisser est installé dans une des pièces de la grande maison.

Cet atelier, où sont suspendus des écheveaux de laine et de coton de toutes les couleurs, attire Mikhaël de façon irrésistible. Mais comme on lui a défendu de déranger sa cousine quand elle travaille, il reste près de la porte pour l'observer.

Sur le métier, elle tend d'abord des fils

de haut en bas. À travers ces fils, elle pousse une petite pièce de bois appelée *navette*, de gauche à droite, puis de droite à gauche. Peu à peu, à force d'entrecroiser des fils, une belle étoffe apparaît.

L'enfant regarde les mains de la tisserande qui volent, légères, sur le métier. Le tissage lui apparaît comme une vraie magie.

Déjà à quatre ans, il se rend compte de l'importance des fils, qui servent à attacher des choses ensemble, à fabriquer des tapis ou des vêtements. Chaque fois qu'il aperçoit un bout de ficelle, un brin de coton ou de laine qui traîne, il le ramasse et le met dans sa poche. Tous ces fils sont des trésors pour lui. Il les attache, il essaie de les tisser ensemble comme le fait sa cousine.

Un jour, il va près de la porte comme d'habitude, mais la tisserande est absente. Après un moment, il se décide à entrer. Il s'approche du métier. De beaux fils de coton rouge sont tendus sur le cadre de bois. Le désir de les posséder pour lui tout seul devient si fort qu'il se saisit d'une paire de ciseaux et les coupe tous pour les emporter.

Juste à ce moment-là, sa cousine revient et s'arrête net en voyant le petit garçon dans son atelier : debout à côté du métier dénudé, il serre dans ses bras une masse de fils rouges. La jeune fille pousse un cri perçant. Dolia, qui est en train de faire du pain dans la cuisine, arrive en courant, suivie de plusieurs autres femmes. Et c'est un vrai concert d'exclamations et de reproches.

Mikhaël se rend compte qu'il a détruit quelque chose de précieux. Et pourtant, en coupant les fils, il n'avait pensé qu'à leur beauté; il avait cédé à son désir de faire du tissage lui aussi… Mais il connaît la conséquence de son acte : dans sa famille, une punition consiste à être privé de souper.

Sa mère voit bien qu'il n'a pas réfléchi avant d'agir, qu'il n'a pas eu l'intention de faire du tort à sa cousine. Ce soir-là, elle lui parle longuement. Elle lui explique combien il est important de respecter le travail des autres, de ne rien abîmer. Après l'avoir mis au lit, elle répare elle-même les dégâts en passant une partie de la nuit à tendre de nouveaux fils sur le métier.

Mikhaël n'oubliera jamais la leçon qu'il a reçue, mais son amour pour les liens ne faiblit pas. Il continue à ramasser des bouts de fil et à inventer des façons de les attacher ensemble : une petite voix intérieure lui dit que dans la vie, tous les liens sont importants et qu'ils possèdent une force spéciale. Plus tard, il comprendra pourquoi il aimait tant les fils dans son enfance.

La source cristalline

Mikhaël n'a pas encore cinq ans quand il découvre, non loin de la maison familiale, une petite source qui jaillit de la terre. Il se met à plat ventre dans l'herbe pour la regarder. Claire et limpide, elle fait un léger bruit de glouglou en coulant sur les cailloux. Le petit garçon aime ce murmure amical, mais ce qu'il admire surtout, c'est la transparence et la pureté de la source.

Chaque jour, à partir de ce moment-là, il retourne près d'elle pour la contempler. Parfois, quand il y pense dans son lit le soir, il a peur qu'elle ne s'arrête de couler. Mais non, chaque fois qu'il y retourne, il est soulagé de voir qu'elle coule toujours, cristalline et musicale.

– Où est Mikhaël ? disent les adultes.

– Il est sûrement près de la source, répond sa mère.

C'est là qu'on va le chercher.

Autour de la source, il a bien remarqué que beaucoup de choses poussent : des plantes, des herbes de toutes sortes, des fleurs, de minuscules coussins de mousse verte ou argentée. Il constate que là où il y a de l'eau, il y a de la vie. L'eau est un élément qui lave et purifie, mais qui donne aussi la vie aux plantes et aux humains.

Le feu

Vers la même époque, Mikhaël se passionne pour le feu. À la maison, il aime aller s'asseoir près du feu qui brûle dans la cheminée. Le soir, au moment du souper, il regarde sa grand-mère allumer la lampe à huile; il remarque qu'elle nettoie tous les jours le verre de cette lampe afin que la flamme reste belle et pure.

Avant d'aller dormir, la famille se rassemble devant l'icône, une petite plaque de bois sur laquelle est peinte l'image de Dieu le Père; au pied de l'icône brûle une veilleuse rouge. Mikhaël contemple la flamme et, plus tard, quand il s'endort dans son lit, il voit encore derrière ses paupières fermées la petite lumière qui danse.

Toutes ces images du feu le fascinent, mais ce n'est pas tout : quand les cultivateurs brûlent des broussailles dans les champs, il reste près d'eux pendant des heures à regarder les flammes.

Vers l'âge de cinq ans, il décide de faire lui-même un petit feu. Après avoir pris quelques allumettes dans la cuisine au moment où personne ne s'y trouve, il se cache derrière la maison, ramasse des brindilles et réussit à les allumer.

Personne ne s'en aperçoit et il est tout content. Le lendemain, il ose recommencer. Personne ne le voit non plus. Ce qu'il fait est très dangereux, mais il est encore trop jeune pour s'en rendre compte. Et quelque chose de grave va lui arriver.

Il grimpe dans le grenier de la ferme, où on entrepose le foin pour nourrir les vaches et les chevaux pendant l'hiver. Dans un coin, il aperçoit un tas de paille pourrie, toute noire. Il s'exclame :

– C'est laid, c'est vieux, il faut que ça brûle !

Frottant une de ses précieuses allumettes, il la jette sur la paille qui s'enflamme rapidement. Il est aux anges. Un feu comme cela, c'est merveilleux... Jamais il n'en a vu d'aussi beau !

Mais le feu grandit, il devient immense et s'élève de plus en plus vers le
toit de la grange. Du coup, Mikhaël
s'inquiète. Que doit-il faire ? Toute la
grange va-t-elle brûler ? Affolé, il regarde
autour de lui. Partout, il n'y a que du foin.
Pas d'eau.

Heureusement, du dehors on a vu la
fumée. Plusieurs membres de la famille
se précipitent dans le grenier avec des
seaux d'eau. À force de courir entre le

puits et la grange, à force d'arroser, ils parviennent à éteindre l'incendie.

Mikhaël est tout penaud et malheureux. En allumant le feu, il n'a pensé qu'à une seule chose : nettoyer la grange de l'affreux tas de paille. Encore une fois, il a suivi son impulsion sans réfléchir, il a eu envie de brûler cette paille comme les paysans brûlent des broussailles dans les fossés qui bordent les champs. Même s'il n'a pas voulu mal faire, il se rend compte que son acte est grave.

Tourmenté à l'idée de tout ce trouble qu'il a causé, il se sauve chez sa grand-mère Astra – la mère de sa maman – qui habite à l'autre bout du village. Voyant son air anxieux, Astra lui dit :

– Ah, tu as encore fait quelque chose !

– Comment le sais-tu, grand-mère ? demande Mikhaël tout bas.

– Ça se voit ! Mais ça ne fait rien, viens, cache-toi ici.

De sa maison, elle a vu la fumée et maintenant, elle devine ce qui s'est passé. Bientôt arrivera Dolia qui dira :

– Où est Mikhaël ?

En lui permettant de se cacher pendant quelques minutes, Astra donne au petit garçon le temps de réfléchir, de trouver par lui-même pourquoi il a fait

cette imprudence, et aussi de prendre la résolution de ne jamais recommencer. Astra connaît bien son petit-fils, elle sait qu'il est capable, à cinq ans, de réfléchir et de comprendre beaucoup de choses.

Quand Dolia arrive et le ramène à la maison, il accepte sa punition. Cette aventure lui a permis de vérifier que le feu est dangereux. Il sait qu'il doit devenir plus prudent. Finies les allumettes ! Mais malgré son regret d'avoir causé tout ce trouble à sa famille, son amour pour le feu ne diminue pas. Il sent déjà que cet élément de la nature aura beaucoup d'importance dans sa vie. Plus tard, il dira :

« J'ai compris qu'il fallait allumer d'autres feux : dans les cœurs, dans les âmes… »

Les Mages

Mikhaël aime beaucoup sa grand-mère Astra. Elle le comprend bien, elle lui manifeste une grande tendresse et, quand il est malade, c'est elle qui le soigne. Astra est une grand-mère pas comme les autres : son nom signifie *étoile*, elle est sage-femme, et elle est aussi une des meilleures guérisseuses de la région, c'est-à-dire qu'elle a reçu le don de guérir les gens.

Les malades viennent de très loin pour se faire soigner par elle. Sans ménager ses forces, elle se rend souvent dans des villages éloignés pour soigner ceux qui sont incapables de se déplacer.

Mikhaël va souvent chez elle pour se faire raconter une histoire. Quand Astra n'est pas occupée à soigner des malades, elle s'installe dans son fauteuil et le petit garçon se met à ses pieds. Les yeux brillants, il l'écoute parler de nobles chevaliers, de belles princesses, de fées et de sorciers. En lui décrivant les grandes batailles entre des mages blancs et des mages noirs, Astra lui explique comment le bien triomphe du mal.

Mikhaël prend toujours parti pour les chevaliers et les mages blancs. Il sait d'avance que ceux-ci seront victorieux, mais devant les dangers qui les menacent, il passe tout de même par de grandes émotions.

Le soir dans son lit, il réfléchit longuement à ce que sa grand-mère lui a raconté. Son rêve est de devenir lui-même un vrai chevalier sans peur et sans reproche. Avant de s'endormir, il se voit monté sur un cheval blanc, transportant partout un flambeau pour éclairer les gens et les aider à sortir de leurs difficultés.

« Vous verrez ce qu'il deviendra »

Mikhaël est rempli d'une telle énergie qu'il oublie souvent d'agir comme un vrai chevalier. Déjà à six ans, il essaie de comprendre la façon dont les choses fonctionnent. Son besoin de tout connaître l'amène à faire des expériences avec des pétards ou avec de l'eau, et parfois cela tourne mal : il y a une inondation, quelque chose casse, quelque chose éclate trop fort…

Dans ces cas-là, les gens du village viennent se plaindre à sa mère. Dolia sait que les intentions de Mikhaël sont bonnes et qu'il ne veut pas faire de mal, mais quand les résultats de ses jeux dérangent tout le monde, elle doit le gronder. Devant les voisins, pourtant, elle le défend toujours et leur demande de patienter.

– C'est énervant ! dit une femme du village.

– Vous ne le connaissez pas, répond Dolia. Pour le moment, il vous dérange, mais attendez, vous verrez ce qu'il deviendra !

Elle a la conviction qu'il sera un jour quelqu'un de très grand, un vrai serviteur de Dieu. Mais tout en prenant sa part, elle demeure ferme avec lui et même sévère quand il le faut : comme tous les enfants, Mikhaël doit apprendre à réfléchir avant d'agir. Dolia lui explique souvent qu'il peut devenir un être magnifique s'il apprend à contrôler ses forces, mais que dans le cas contraire il pourrait devenir quelqu'un de très vilain.

– Maintenant tu sais ce qui t'attend, choisis ! lui dit-elle.

Jamais elle ne l'oblige à faire quoi que ce soit. Elle a trop de sagesse pour cela : son fils doit apprendre à faire ses propres choix en examinant les deux côtés d'un problème.

Bien sûr, Mikhaël sait déjà que l'obéissance fait partie de la vie, et que chaque être humain doit tour à tour obéir et commander. L'ouvrier obéit à son patron, mais il commande au nouvel apprenti. Le patron commande dans son usine, mais lorsqu'il se retrouve sur la route, il doit obéir aux lois de la circulation.

Dolia enseigne à son fils que si tout le monde refusait d'obéir, ce serait terrible, il n'y aurait que des accidents et des catastrophes dans le monde. Elle lui répète :

– Ce qui est tordu dure jusqu'à demain, mais ce qui est droit dure toute l'éternité.

Dans leur langue bulgare, cela se dit :
Krivdina do pladnina,
pravdina do veknina.

Avec son désir de noblesse – un chevalier de la lumière est noble – Mikhaël sait bien qu'il doit choisir tout ce qui est juste et droit. Quand il a fait une bêtise et que sa mère lui parle de cette façon, il est saisi de remords.

Seul près de la source ou dans une de ses cachettes favorites, il pleure parfois. Il prend de bonnes résolutions et fait la promesse de se conduire de façon irréprochable.

La vie de saint Athanase

Un événement spécial va aider Mikhaël à tenir ses résolutions : le jour de son sixième anniversaire, il reçoit quelques présents. Il sait déjà lire depuis un certain temps, et le cadeau qu'il préfère est un petit livre sur la vie d'Athanase, le saint patron du jour de sa naissance. Il s'assoit dans un coin et se plonge dans sa lecture.

C'est avec un intérêt passionné qu'il découvre la vie de ce saint rempli d'amour pour Dieu. Aussitôt, il prend la décision de devenir, lui aussi, un grand sage capable d'entraîner les gens vers les mondes mystérieux de la lumière. Un sage, c'est-à-dire un héros, un modèle que les gens peuvent imiter, quelqu'un qui sait donner les meilleurs conseils.

Mais une décision comme celle-là ne peut transformer personne, du jour au lendemain, en l'image magnifique qu'il a formée dans sa tête. Malgré son grand désir de perfection, Mikhaël continue à se comporter comme tous les enfants. Son tempérament ardent le porte à faire des choses dont il n'est pas toujours fier. Pourtant, il n'oublie pas ce saint qu'il admire beaucoup. Il continue à essayer de lui ressembler.

Mère et fils

Mikhaël aime profondément sa mère. Elle est pour lui un exemple : dans sa bonté et sa générosité, elle est toujours prête à aider les autres avant de penser à elle-même. Son sens de l'humour l'amène à dire juste ce qu'il faut pour faire rire les gens quand ils sont tendus.

Mais un jour, Mikhaël entre dans la grande cuisine et la surprend en train de pleurer. Inquiet, il reste dans l'ombre de l'escalier. Qu'a-t-elle ? Elle est peut-être triste à cause de l'absence de son père ? Cela, il le comprendrait, car si chacun des retours d'Ivan a été une fête pour eux, le temps leur paraît bien long jusqu'au moment où ils pourront aller le retrouver à Varna.

Subitement la porte s'ouvre, une voisine entre et commence aussitôt à se plaindre. Mikhaël voit sa mère s'essuyer rapidement les yeux avant de se tourner vers la voisine avec un sourire; puis elle l'écoute avec la plus grande bonté, elle l'encourage et lui donne des conseils.

L'enfant sort doucement de la maison et va s'asseoir près de la source. Il réfléchit. Cette scène a été pour lui une leçon de véritable amour. Son admiration pour sa mère ne fait que grandir.

L'histoire de la Création

Mikhaël vit dans un pays où il y a beaucoup de montagnes, de lacs et de belles rivières. L'été est chaud, mais pendant l'hiver il fait parfois très froid.

Le village de Serbtzi est pauvre, et l'école n'est qu'une baraque en bois avec une seule classe qui regroupe les petits et les grands. Comme tous les élèves, Mikhaël doit aller tous les matins dans le bois pour ramasser des branches mortes et les apporter à l'école. Aucun élève ne doit oublier cette corvée, car s'il n'y a pas assez de bois, le poêle finit par s'éteindre et il fait très froid dans la classe.

Ce sont des conditions un peu difficiles pour les enfants, mais de cette façon ils apprennent à s'entraider. Ils découvrent que chacun est responsable du bien-être de tous les autres. C'est ainsi que Mikhaël, à l'école autant que dans sa famille, apprend le sens de la *fraternité*, c'est-à-dire de l'entraide qui est naturelle entre des frères et sœurs, entre des amis.

Durant sa première année, il entend l'instituteur raconter comment Dieu a créé le monde. Il est émerveillé. L'histoire est si intéressante qu'il fait tout son possible pour la retenir. Après la classe, il demande à l'instituteur de lui répéter ce que Dieu a créé le lundi, le mardi, le mercredi… jusqu'au samedi. Grâce à sa bonne mémoire, il apprend l'histoire par cœur.

Tout en marchant lentement vers la maison, il nomme tout bas les différents jours de la Création. La neige tombe doucement et les flocons voltigent autour de lui, mais il n'a pas envie de jouer avec ses amis, il est trop plongé dans cette belle histoire qu'il ne veut pas oublier. Le soir, pendant le repas, il annonce :

– J'aimerais vous raconter l'histoire de la création du monde !

Après le souper, les membres de la famille prennent place dans la salle de séjour pour l'écouter, les adultes sur des chaises, les enfants accroupis par terre. Debout devant eux, Mikhaël explique de quelle façon Dieu a créé, par sa Parole, des choses merveilleuses. Dieu a parlé, et les choses sont apparues : « Le premier jour, Dieu a créé le ciel et la terre… Le deuxième jour, Dieu a dit : Que la lumière soit ! et la lumière a éclairé le ciel et la terre. »

Parlant avec animation, le petit garçon donne beaucoup de détails, il décrit la création des anges, du soleil et des étoiles, de la terre et des animaux, des arbres et des fleurs… et finalement, des hommes, des femmes et des enfants. Toute la famille l'écoute avec étonnement. Des sourires apparaissent sur les visages. Lorsqu'il a terminé, on s'exclame, on le remercie, on l'embrasse.

Par la suite, Mikhaël continue à réfléchir à l'histoire de la Création. Son amour pour la nature grandit. Il devient de plus en plus conscient de la beauté de tout ce qui l'entoure. Très souvent, par l'imagination, il recrée l'apparition de la lumière, qui donne la vie à toute la création.

Les pompons du printemps

Après l'hiver, le printemps s'annonce par de petits indices : une journée plus douce, une bande d'oiseaux qui reviennent du sud, des bourgeons qui apparaissent sur les branches. En Macédoine et en Bulgarie, dès le premier jour du mois de mars, on prépare de façon spéciale l'arrivée de cette saison : les gens attachent à leurs vêtements des pompons rouges et blancs, les petites filles tressent des rubans dans leurs cheveux.

Il s'agit d'une ancienne coutume : le rouge représente l'homme, le blanc représente la femme. On porte les pompons jusqu'au jour où on voit une cigogne dans le ciel, puis on a le droit de faire un vœu.

Pour Mikhaël, qui aime beaucoup les oiseaux, ce moment-là est très important. Pendant plusieurs jours, il porte les pompons de laine que sa mère a attachés à sa chemise. Il regarde très souvent vers le ciel, de façon à ne pas manquer le passage de sa cigogne porteuse de chance. Tout à coup, il l'aperçoit, toute blanche, son long cou tendu en avant, ses grandes ailes battant l'air avec puissance. Après l'avoir regardée voler, le petit garçon ferme les yeux et prononce le vœu auquel il a pensé pendant tous ces derniers jours.

Quand la fête du printemps est terminée, on voit partout des pompons accrochés aux réverbères, aux piquets de clôture et aux arbustes.

Des œufs de Pâques

Bientôt, c'est la fête de Pâques. Dans toutes les familles chrétiennes, à partir du Jeudi Saint, on fait cuire des brioches et on décore des œufs. D'après la coutume, le premier œuf représente la vie; il est donc toujours colorié en rouge, qui est la couleur de la vie. On le met devant l'icône, puis on peint les autres œufs de couleurs variées.

Le Samedi saint, tous les villageois se réunissent à l'église vers neuf heures du soir. Le prêtre et son assistant, qui ont mis leurs beaux vêtements brodés d'or, entonnent les chants sacrés.

Pour Mikhaël, cette célébration est une vraie fête de la lumière. Au début, l'église est dans le noir, et on ne voit que la lumière du cierge que le prêtre tient à la main. Quand il se tourne vers son assistant pour lui communiquer la flamme, celui-ci la donne à quelqu'un d'autre, et ainsi de suite.

Petit à petit, les flammes se multiplient. La lumière se répand de plus en plus et les ténèbres finissent par disparaître de l'église. Transporté par la beauté de cette scène, Mikhaël pense : « Le feu est en marche... »

La chorale chante alors des hymnes qui résonnent dans l'église et font vibrer le cœur des assistants. Mais la cérémonie dure plusieurs heures; c'est bien long pour les six ans de Mikhaël et, vers une heure du matin, il est très fatigué. Quand tout le monde sort de l'église, il se faufile à travers les adultes pour se retrouver au dehors le plus vite possible.

Sur la place de l'église, il retrouve ses amis et sort de sa poche l'œuf que sa mère lui a donné avant de quitter la maison. Après la cérémonie, il y a toujours un jeu pour les enfants : ils cognent leurs œufs les uns contre les autres pour voir lequel résistera. Ceux qui se cassent sont aussitôt mangés, tandis que l'œuf resté intact est déposé au pied d'une icône, où il représentera la vie pendant toute l'année.

Les rétameurs de chaudrons

Dès le début de l'été, des choses intéressantes se passent au village. Entre autres, on voit venir les rétameurs dans leurs roulottes tirées par des chevaux. Ces rétameurs sont des gens qui n'ont pas d'autre maison que leur roulotte, et on les appelle *Tziganes*, ou *romanichels*. Dès qu'ils installent leur campement dans un champ, les villageois sortent de chez eux avec leurs chaudrons à rétamer.

À cette époque, les récipients utilisés pour la cuisine sont en fer ou en cuivre. Une fois par an il faut les gratter, les décaper, et finalement les rétamer pour empêcher la rouille ou le vert-de-gris d'attaquer les parois. Le rétamage consiste à recouvrir l'intérieur des chaudrons d'une couche d'étain.

Mikhaël aime beaucoup observer cette technique. Les chaudrons, qui servent à des familles nombreuses, sont parfois immenses. Les Tziganes les posent sur le sol, y jettent du sable et entrent dedans. Au grand amusement des enfants, ils se démènent comme des diables en frottant les parois avec leurs pieds pour les décaper. Quand l'intérieur est tout à fait propre et luisant, ils posent la couche d'étain.

Le soir, après tout ce travail, c'est la fête au village. Les Tziganes jouent une pièce de théâtre sur la place publique et chantent en s'accompagnant à la guitare. Les villageois reprennent les refrains en chœur, les enfants battent la mesure en frappant dans leurs mains.

Le village incendié

Le printemps suivant, un terrible malheur s'abat sur le village. En fin d'après-midi, après la classe, Mikhaël se promène dans les champs. Son amour pour les oiseaux l'amène souvent à s'éloigner de la maison pour les observer en pleine nature; il aime les voir chercher des graines, voler gracieusement pour attraper des mouches, nourrir leurs petits dans leurs nids.

Tout à coup il aperçoit, au loin sur la route, des soldats armés de fusils qui avancent rapidement vers le village. La peur le gagne, car la région où il habite a déjà été attaquée par des soldats.

Il se rappelle encore comment il a dû s'enfuir dans la forêt avec sa mère, un jour où une troupe ennemie était arrivée au village. Ils s'étaient cachés tous les deux dans un arbre creux, mais ils avaient dû en ressortir parce que le tronc était rempli de grosses fourmis qui les piquaient. N'ayant pu trouver d'autre cachette, ils avaient eu très peur d'être découverts par les soldats.

Aujourd'hui, il court de toutes ses forces vers le village pour prévenir tout le monde. Voyant des gens qui travaillent dans un champ, il crie très fort pour attirer leur attention. Avec de grands gestes, tout en continuant à courir vers eux, il leur fait signe de s'enfuir. Aussitôt, un jeune homme est envoyé au village pour prévenir tous ceux qui y sont, un autre court vers les champs éloignés. Il faut absolument que tous les habitants soient avertis du danger.

Au loin, les soldats continuent d'avancer et soulèvent un nuage de poussière.

Terrifiés, les villageois se demandent où aller, car il n'y a plus beaucoup de temps. Lorsque Mikhaël leur suggère de se cacher dans la rivière, ils courent aussitôt de ce côté. Dolia, sa famille et les autres villageois les rejoignent et se plongent dans l'eau jusqu'au cou. Invisibles parmi les roseaux, ils s'efforcent de ne pas bouger afin de ne pas être repérés.

Il était temps, car les soldats envahissent le village, enfoncent les portes et s'emparent de tout ce qu'ils peuvent transporter. Pour finir leur œuvre de destruction, ils mettent le feu aux maisons. Tout cela dure des heures. Les villageois sont obligés de passer le reste de la journée et une partie de la nuit cachés dans l'eau glacée de la rivière.

Pour Mikhaël et pour les autres enfants, c'est un vrai supplice. Les bébés se mettent à pleurer, ce qui ajoute encore au danger. Pour les calmer, les parents ont toujours dans leurs poches des bonbons à leur donner : on ne sait jamais à quel moment on en aura besoin. Dans un pays où il y a si souvent des attaques de troupes armées, les pleurs d'un bébé peuvent coûter la vie à tout un groupe de gens qui se cachent.

Après plusieurs heures dans l'eau, la plupart des enfants n'ont plus la force de se tenir debout, et les parents sont obligés de les soutenir, même quand ils ont des bébés dans les bras.

Dès que les soldats sont partis, tous sortent péniblement de la rivière et rentrent au village. Il ne reste plus rien de tout ce qu'ils possédaient. Tout a été volé ou brûlé. D'immenses tas de braises fument et rougeoient encore. C'est la désolation.

Dolia prend la décision d'aller retrouver son mari en Bulgarie. Comme elle a perdu tout ce qu'elle possédait, elle préfère partir sans prendre le temps de l'avertir.

Les membres de la famille d'Ivan reconstruiront leur maison dès que les braises seront refroidies; la grand-mère Astra désire aussi rester au village. Mikhaël a beaucoup de peine de les quitter tous, mais en même temps, il pense à son père qui lui manque et qu'il va enfin retrouver.

En compagnie de quelques autres villageois, Dolia se met en route avec son fils pendant qu'il fait encore nuit. Les voyageurs avancent avec prudence. Dès que l'aube éclaircit le ciel, ils examinent l'horizon au cas où il y aurait d'autres troupes armées dans les environs. Plusieurs fois, ils montent dans des charrettes de paysans pour faire avec eux une partie du trajet.

Aussitôt arrivés dans une ville importante, Dolia et Mikhaël font leurs adieux à leurs compagnons de route et se dirigent vers la gare afin de prendre le train pour la Bulgarie. Dolia n'a presque pas d'argent, mais à cette époque, heureusement pour elle, les trains sont gratuits.

Une ville au bord de la mer

Après une longue journée de voyage, Dolia et Mikhaël atteignent la ville de Varna en Bulgarie, où il y a un port pour les grands bateaux. Ils y retrouvent enfin Ivan, qui les emmène chez des amis pour quelques jours.

La petite entreprise créée par le père de Mikhaël est maintenant bien établie. Avec les ouvriers qu'il a engagés, il travaille dans la forêt où il coupe des arbres pour les transformer en charbon de bois. Et ce charbon sert à chauffer les maisons. C'est dans le quartier turc, le plus pauvre de la ville, que se trouvent ses bureaux.

Maintenant, il doit trouver un logement où il pourra habiter avec sa femme et son fils. Après avoir longuement cherché, il finit par louer une grande chambre chez un ami qui a déjà offert plusieurs pièces de sa maison à d'autres réfugiés macédoniens.

Mikhaël part à la découverte du quartier. Au bout d'une longue rue, il arrive sur la plage et aperçoit la mer. Pour lui qui a toujours aimé les sources et les cascades, la mer est une vraie merveille.

L'immense étendue d'eau, sans cesse en mouvement et qui rencontre le ciel tout au loin, l'impressionne beaucoup. Fasciné par les vagues qui avancent sur le sable jusqu'à ses pieds et reculent ensuite tout doucement, il passe un long moment sur la plage.

Avec sa grande sensibilité, il devine que la mer est bien davantage que cette grande masse d'eau. Il se dit qu'elle est vivante, aussi vivante que les arbres ou les fleurs, qu'elle est habitée par des créatures bienfaisantes, mais invisibles. Tout bas, il parle à ces êtres mystérieux.

Si la mer est magnifique, on ne peut pas en dire autant du quartier turc. Presque toutes les maisons sont vieilles et délabrées. Les rues, poussiéreuses quand il fait soleil, deviennent comme des rivières de boue sous la pluie.

En Bulgarie, la situation ressemble à celle de la Macédoine : les guerres recommencent sans cesse. Beaucoup d'enfants ont perdu leur père, tué dans une bataille. Les mères de famille n'ont pas assez de temps pour s'occuper de leurs enfants parce qu'elles doivent travailler, et de nombreux petits garçons se réunissent en bandes pour faire toutes sortes de mauvais coups.

Ils observent Mikhaël qui arrive d'un village éloigné et qui leur paraît très innocent avec son honnêteté et son sourire rayonnant. On voit bien qu'il ne connaît rien des choses qui peuvent se passer dans une grande ville !

Les garçons essaient de l'entraîner avec eux quand ils vont voler des objets chez les marchands ou des fruits dans les vergers. Mais ils s'aperçoivent que leur nouveau camarade est loin d'être stupide ou tout à fait naïf. Mikhaël a beaucoup de force de caractère et ne se laisse pas influencer. Bien sûr, il est très actif, il aime les aventures et s'intéresse à tout, mais jamais il n'accepte de faire de tort à personne.

Il sait déjà ce qu'il veut dans la vie. Il

n'a pas oublié sa première *expérience spirituelle* à l'âge de six ans, c'est-à-dire lorsque son esprit et son cœur se sont tournés vers Dieu et qu'il a décidé de devenir un grand sage.

L'école à Varna

À l'automne, Ivan inscrit son fils au lycée du quartier. Mais la vie d'écolier à Varna n'est pas facile pour Mikhaël. Les enfants sont si différents de ceux de Serbtzi qu'il n'arrive pas à se faire des amis. Il traverse une période pénible, il est souvent triste. Des souvenirs de son village, de la belle nature, de ses amis, reviennent en foule à sa mémoire. Il revoit le visage bienveillant de sa grand-mère Astra, à qui il aimerait raconter toutes ses découvertes récentes…

Les premiers mois, il ne parle presque pas avec les autres enfants, il ne joue pas avec eux. Après la classe, il réfléchit en les regardant de loin. Autour de lui, il y a beaucoup de choses à observer : les marchands qui ouvrent leurs boutiques le matin, le forgeron, le cordonnier et le potier. Il y a aussi le *hodja*, ce prêtre musulman qui rend visite aux Turcs du quartier…

Mikhaël est souvent distrait. Dans sa famille, on lui dit qu'il est dans la lune. Mais s'il est distrait, c'est qu'il a besoin de temps pour regarder et comprendre ce qui se passe autour de lui dans cette grande ville. De plus, il essaie de se rappeler ce que lui dit sa mère sur la meilleure façon de vivre et de se comporter. En même temps, il apprend à mieux connaître son père. À cette étape de sa vie, toutes ces réflexions sont importantes, elles l'aident à grandir, à mûrir.

Cinq glaces rafraîchissantes

Grâce à son entreprise qui est devenue prospère, Ivan fait de grands projets pour l'éducation de son fils. Il aurait pu installer sa famille dans une partie plus élégante de la ville, mais il a préféré ce quartier pauvre parce que ses bureaux y sont déjà.

Tout en étant très à l'aise, les parents de Mikhaël vivent simplement, comme les gens du quartier. Ivan ne donne pas d'argent de poche à son fils, mais il laisse souvent traîner un porte-monnaie sur la table : de cette façon, il lui manifeste sa confiance, tout en lui fournissant l'occasion d'être raisonnable, de ne pas exagérer. De temps en temps, Mikhaël y prend quelques sous pour s'acheter une glace.

Et bien sûr, un jour il exagère, comme tous les enfants de son âge. Au mois d'août, il fait si chaud qu'il va s'acheter une première glace, puis une deuxième, et encore une troisième. Finalement, il en achète cinq de suite. Pendant qu'il mange la dernière, il ressent une terrible douleur à la mâchoire et rentre aussitôt chez lui. Il n'y a personne dans l'appartement. Sa mère est allée porter du pain à une voisine malade, son père est au travail.

Mikhaël souffre horriblement et ne sait que faire. Regrettant de s'être laissé aller à une gourmandise stupide qui lui vaut une telle douleur, il cherche dans les armoires, mais ne trouve rien qui puisse le calmer. Soudain, la bouilloire posée sur le poêle attire son attention et lui donne une idée. Il se verse de l'eau chaude et s'en remplit la bouche. Après quelques minutes, il la renouvelle et, finalement, la douleur disparaît complètement.

C'est une découverte très intéressante. Son intuition – la petite voix intérieure que chacun possède – a été

bonne. Il prend l'habitude de boire souvent de l'eau chaude et, chaque fois, il
peut constater une grande détente dans
tout son corps.

« Ne marche pas dans la boue »

Au cours de sa huitième année,
Mikhaël se rapproche des autres enfants
et commence à participer à leurs jeux.
Le quartier où habite sa famille compte
autant de familles bulgares que de
familles turques. Les Bulgares sont de
religion chrétienne, les Turcs sont
musulmans. Les enfants fraternisent et
apprennent à s'exprimer dans les deux
langues. C'est ainsi que, tout naturelle-
ment, Mikhaël apprend à parler le turc.

Il continue à aimer les choses qui lui
font penser au feu, entre autres les
pétards. Bientôt il est entraîné dans de
grandes batailles organisées par les
garçons du quartier : les Turcs et les
Bulgares, ennemis depuis des siècles,
forment deux camps opposés. Ces jeux ne
sont pas méchants, mais il arrive souvent
aux enfants de faire des dégâts : ils volent
des pommes sur un étalage, ils brisent
une vitre de magasin en jouant au ballon,
puis ils se sauvent à toutes jambes.

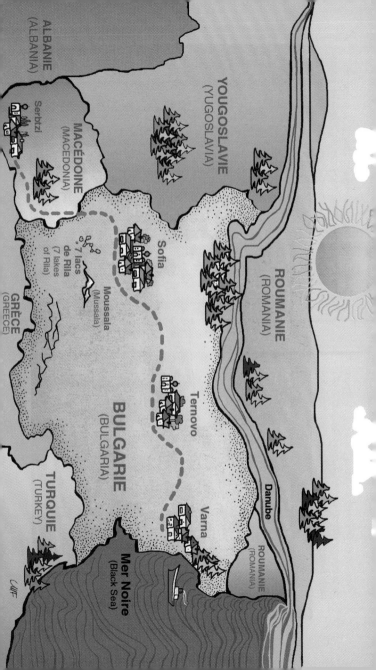

Un prisme en cristal, traversé par un rayon de soleil, projette les sept couleurs contenues dans la lumière. (Chap. Les sept couleurs du prisme)

When the sun shines through a crystal prism it projects rays of the seven colors contained in light. (Chap. The seven colors of the prism)

Photo Carole Vois

Mikhaël, qui participe au jeu avec fougue, ne prend aucune part à ce qui suit parfois. Convaincu qu'il faut s'excuser et réparer les dégâts, il reste bravement sur place. Et c'est sur lui que tombe la colère des adultes, qui le questionnent et lui demandent le nom des coupables. Mais il ne veut pas accuser ses compagnons et ne répond pas. Il reçoit donc les réprimandes et parfois même les coups. Quand il rentre à la maison, sa mère lui dit :

– Ne reste pas avec ces enfants-là !

Puis elle ajoute :

– Ne marche pas dans la boue parce que tu vas être éclaboussé.

Elle veut dire que s'il va avec ceux qui veulent faire le mal, il sera influencé par le mal. Mais comment choisir ses compagnons de jeu ? Dans ce quartier, beaucoup d'enfants sont de vrais petits voyous; comment savoir s'ils ont un mauvais projet dans la tête ?

En fait, il doit essayer de reconnaître les enfants qui peuvent devenir ses vrais amis, il doit apprendre à voir dans le cœur des autres.

Une nuit sur la plage

Un soir, à la maison, Mikhaël est puni parce qu'il s'est trouvé encore une fois avec des gamins qui ont fait un mauvais coup. Comme toujours, il refuse de donner le nom des coupables. Devant l'incapacité de ses parents de deviner ce qui s'est passé, son cœur est tellement rempli de chagrin qu'il n'arrive pas à s'expliquer clairement.

Pour la première fois de sa vie, il est déçu d'eux, comme cela peut arriver à tous les enfants. Finalement, il a envie de les punir à son tour pour leur manque de compréhension.

Pendant que sa mère prépare le souper, il quitte la maison et s'en va vers la gare, près de la mer. « Ils regretteront de ne pas m'avoir compris », pense-t-il. Longtemps, il reste sur le quai à regarder les voyageurs qui montent dans les trains ou qui en descendent avec leurs valises.

Tout d'un coup, il se sent inquiet. Pour la première fois de sa vie, il est tout seul et ne sait pas ce qu'il doit faire. La nuit tombe et l'air se refroidit. De plus, il a très faim. Où trouver de quoi manger ? Où aller dormir ? Jamais il n'a été obligé de se soucier de tout cela… Il a toujours eu son lit, il a toujours eu ses repas… Mais comme il ne veut pas rentrer à la maison, il décide de chercher aussitôt un endroit où passer la nuit.

Rapidement, il sort de la gare et marche assez longtemps sur la plage. Voyant au loin une petite cabane, il y court, mais la chaleur du soleil s'est tellement accumulée à l'intérieur qu'il y fait étouffant. Il ressort, marche encore un moment et aperçoit une botte de paille. « Ah, se dit-il, voilà le meilleur endroit ! » Il se glisse dessous et, malgré son ventre creux, il s'endort aussitôt.

Pendant ce temps, ses parents sont très inquiets. Sa mère va frapper chez tous les voisins, au cas où Mikhaël s'y trouverait, mais personne ne l'a vu. Il est tard maintenant, et Dolia craint que quelque chose de terrible ne soit arrivé à son fils.

Le lendemain matin, sur la plage, Mikhaël est réveillé par un employé de la gare qui lui donne de petits coups de pied en disant :

– Qu'est-ce que tu fais là ?

– Je suis venu dormir ici.

– Et pourquoi es-tu venu dormir ici ?

– J'ai quitté mes parents.

– Comment, tu as quitté tes parents ? Dépêche-toi de rentrer chez eux, sinon je te remets entre les mains des gendarmes !

Le petit garçon est tout penaud, mais il prend son courage à deux mains et rentre à la maison. Et là, son père et sa mère s'exclament. Ils l'embrassent :

– Ah, Mikhaël, enfin ! Te voilà ! Nous t'avons tellement cherché ! Où étais-tu ?

Dolia le serre très fort dans ses bras sans lui faire de reproches. Elle le comprend, elle sait pourquoi il est parti, et c'est avec beaucoup d'amour qu'elle lui parle. Réchauffé par cet accueil, Mikhaël est très soulagé de se retrouver dans sa famille : c'est là qu'il est le mieux, auprès de ses parents, même quand il ne se sent pas compris.

Le soir, devant l'icône familiale, il réfléchit à ce qui lui est arrivé. Sa mère lui a fait promettre de choisir les jeux qu'il partagera à l'avenir avec les enfants du quartier. En fait, elle lui a souvent dit de faire attention à ses activités, en lui expliquant que celles-ci ont une influence sur lui.

Mikhaël sait qu'elle a raison, car il s'est déjà aperçu que les garçons qui jouent souvent à la guerre pensent plus facilement à la violence et qu'ils ont parfois des réactions brutales. Ce soir-là, ses conseillers intérieurs commencent à lui parler. Dans sa pensée, dans sa conscience, il entend très clairement leurs paroles de sagesse.

La mort d'Ivan

Mikhaël vit à Varna avec son père et sa mère depuis un an et demi. Il a maintenant un petit frère appelé Alexandre, né au mois de juin et qu'il aime beaucoup. Mais à l'automne, Ivan tombe malade. En quelques jours, son état s'aggrave si rapidement que personne ne peut rien faire pour le sauver. Sentant la mort approcher, il s'inquiète pour Dolia qui va rester seule avec les deux enfants : à cette époque, en Bulgarie, il est difficile pour une femme de gagner sa vie. Avant de mourir, Ivan conseille à Dolia d'épouser plus tard un de ses meilleurs amis.

La mort de son père est pour Mikhaël une terrible épreuve, la pire de sa jeune vie. Il était si heureux depuis qu'il l'avait retrouvé, et ce bonheur a duré si peu de temps ! Quant à Dolia, elle est tellement bouleversée par la mort de son mari qu'elle tombe malade et doit se mettre au lit.

Mikhaël fait de son mieux pour la soigner. Il prépare les repas, s'occupe du bébé et garde l'appartement très propre. Mais sa mère est si malade qu'elle est incapable de se nourrir.

Le petit garçon a le cœur serré. Il n'a pas encore neuf ans et se sent très jeune devant un si grave problème. Dans ce quartier si pauvre, il ne connaît pas de médecin. Mais quelques jours plus tard il reçoit du secours : une amie de sa mère arrive chez lui, chargée d'un grand sac de nourriture.

C'est la personne qui les a reçus dans sa propre maison quand ils sont arrivés à Varna après l'incendie de leur village. Comme une bonne fée, maternelle et chaleureuse, elle vient soigner Dolia et s'occuper du bébé.

Mikhaël vit dans la pauvreté

Après la mort d'Ivan, la vie de Mikhaël change complètement, car sa mère devient très pauvre. Pendant sa maladie, des gens malhonnêtes lui ont volé le commerce de son mari. En utilisant de faux papiers, de fausses factures et divers

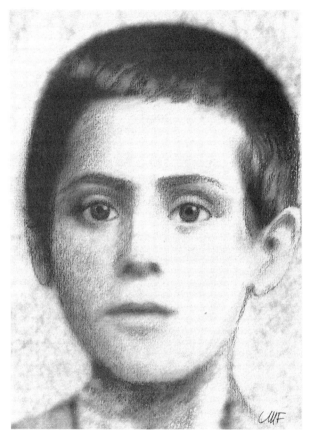

Dessin fait d'après une photo de Mikhaël.

autres moyens, ils lui ont tout pris.

Mais Dolia est une femme coura-
geuse. Dès que sa fièvre est tombée, elle
commence à faire des démarches auprès

des personnes qui possèdent maintenant la compagnie de son mari. À force de lutter pour ses droits, elle finit par obtenir une petite maison pour elle-même et ses enfants, pas très loin du logement où ils ont vécu avant la mort d'Ivan.

La maison est divisée en petites pièces et, au rez-de-chaussée, il y a une écurie pour un cheval. À la grande joie de Mikhaël, un arbre pousse dans cette écurie. Des années auparavant, une graine de jujubier y est entrée, transportée par le vent. Dans l'humidité du sol en terre battue, elle a germé et pris racine. Cherchant la lumière, la jeune pousse est sortie par la fenêtre et ses branches se sont épanouies au dehors. C'est maintenant un arbre qui donne des petits fruits appelés jujubes.

Les mois passent. La vie est très difficile pour Dolia. Elle fait tout ce qu'elle peut pour gagner sa vie et celle de ses enfants, mais bien souvent l'argent manque et elle n'a pas de quoi leur acheter des vêtements. Il lui arrive même de ne pas avoir assez de nourriture à leur donner.

Les Proverbes de Salomon

À neuf ans, Mikhaël lit déjà beaucoup et passe de longs moments à la bibliothèque de l'école. Un jour, après avoir choisi Les Proverbes de Salomon – un livre de la Bible sur la vraie sagesse – il s'assoit dans un coin de la pièce et commence sa lecture. Ces textes ont sur lui un effet extraordinaire : il a l'impression qu'ils ont été écrits spécialement pour lui. Bouleversé, il emporte le livre à la maison pour relire certains passages. Entre autres, le grand roi Salomon dit ceci :

« Mon fils, si des gens te demandent de faire le mal, n'accepte pas… Écoute les paroles de ta mère… »

Ces mots lui font venir les larmes aux yeux : bien souvent les garçons du quartier ont essayé de l'entraîner dans de mauvaises actions ! Et pour lui qui s'efforce de bien comprendre les paroles de sa mère, ce texte est très frappant. Mikhaël regrette de déranger trop souvent les autres, de leur faire parfois de la peine, de ne pas être assez généreux…

Ce qu'il expérimente là, c'est un élan de tout son être vers le Seigneur. Son plus grand désir est d'être très proche de Lui, dans ses bras même. Ardemment, il souhaite devenir parfait comme Lui. Son intelligence se remplit de lumière, son cœur déborde d'amour pour sa famille et pour ses amis.

À partir de ce moment, il essaie de suivre les conseils du roi Salomon et de faire grandir la sagesse en lui-même afin de devenir un héros, un grand sage. Il évite de se lancer dans des activités qui pourraient déranger sa famille et ses voisins.

Un forgeron de neuf ans

Dans le quartier turc, il y a une petite forge installée dans une maison privée. À l'époque de la jeunesse de Mikhaël, le forgeron de quartier a un rôle important : il fabrique des fers à cheval, des serrures pour les écuries et beaucoup d'autres objets. Pendant l'été, Mikhaël va souvent se mettre près de la porte ouverte pour observer le travail du forgeron.

Il aime beaucoup voir un morceau de fer changer de couleur pendant que le forgeron le tient dans le feu : chauffé par la flamme, le métal gris devient rouge foncé, rouge clair, puis jaune.

Ce qui impressionne Mikhaël, c'est de voir que le métal, après avoir été plongé assez longtemps dans les flammes, commence à leur ressembler : il devient brûlant et même lumineux. Le forgeron peut alors lui donner une forme spéciale, le recourber ou l'amincir en le frappant de son marteau.

Mikhaël rêve d'apprendre à façonner un morceau de fer et, en plus, il serait très heureux d'aider sa mère en gagnant un peu d'argent pendant ses vacances scolaires. Un jour, il entre dans la forge et dit :

– Voulez-vous me prendre comme apprenti ?

Le forgeron lève les yeux. Le visage sincère de ce petit garçon lui plaît.

– Si tu veux tirer sur le soufflet, dit-il, je te prends.

Mikhaël accepte. Chaque fois que le patron le lui demande, il tire sur la poignée du soufflet qui pousse de l'air sur le feu pour l'activer. C'est un travail fatigant, mais il persévère. Et après plusieurs jours, son rêve se réalise : le forgeron, satisfait de son courage et de sa patience, accepte de lui apprendre à façonner un morceau de fer rougi au feu.

À gauche de l'âtre, on peut voir la poignée du soufflet.

Il lui donne un tablier de cuir qui le protégera des flammèches, et de longues pinces pour tenir son morceau de fer sans se brûler.

– Fais comme moi, dit-il.

Il plonge sa pièce de fer dans le feu, et Mikhaël l'imite. Quand il la retire, le petit garçon la retire aussi; quand il la pose sur l'enclume et commence à la frapper avec un marteau, Mikhaël pose la sienne et frappe aussi. À chaque coup, des gerbes de flammèches montent vers le plafond en un vrai feu d'artifice. Mikhaël les admire tout en travaillant. Même quand elles brûlent ses pieds nus en retombant, rien ne peut l'arrêter.

Le soir, il rentre à la maison très fatigué, les pieds couverts de brûlures. Fièrement, il donne à sa mère les vingt sous qu'il a reçus pour sa journée de travail. Dolia, le voyant si heureux d'apprendre et de lui apporter un peu d'argent, l'embrasse tendrement.

Malheureusement, elle n'a pas les moyens de lui acheter des chaussures. Mikhaël doit aller pieds nus, comme les enfants les plus pauvres du quartier; il possède bien une paire de sandales, mais il ne les porte qu'en hiver pour ne pas les user trop rapidement.

Jusqu'à la rentrée scolaire, il va tous les jours à la forge. Il est un peu jeune pour ce genre de travail, mais pour lui, c'est une première expérience importante. Son sens de l'observation se développe : très intéressé par la façon dont le feu agit sur le métal, il observe aussi l'effet que ce travail d'apprenti forgeron a sur lui-même.

Dès le début de son stage, il a constaté que le forgeron respecte le feu et qu'il en parle comme si c'était un être humain :

– Ne retire pas trop vite ton morceau de fer. Tu dois attendre que le feu fasse son travail... Laisse le feu prendre son temps, ne le bouscule pas.

Mikhaël se souviendra toujours de son expérience d'apprenti dans la forge du quartier. Beaucoup plus tard, il dira :

« L'être humain ressemble à un métal capable de devenir rayonnant et chaleureux quand il se plonge dans le feu de l'amour de Dieu. »

Le feu continue à le fasciner. Pendant l'hiver, à la maison, il aime aller s'asseoir près de la cheminée. Lorsqu'il est enrhumé ou fiévreux, il s'installe le plus près possible et tend ses mains vers les flammes. Il découvre que le feu est excellent pour sa santé.

Voici ce qui se passe : par le bout des doigts, il reçoit des forces qui viennent du soleil, c'est-à-dire les énergies solaires qui sont entrées dans les arbres quand ils poussaient dans la forêt, et qui sont encore présentes dans le charbon de bois. Petit à petit, Mikhaël sent un grand bien-être se répandre dans tout son corps et il s'endort près du feu. Quand il se réveille, il est guéri.

Le musicien fou

À Varna, il y a un homme étrange que les gens appellent *le fou*. Autrefois, il a été chef d'orchestre et, s'il est devenu fou, c'est que de grands malheurs lui sont arrivés. Sans demander la permission à personne, il s'est installé dans la tour d'une horloge publique qui sonne les heures de façon retentissante. Le maire de la ville a pitié du pauvre homme et le laisse vivre dans cette tour.

Le fou n'est pas dangereux, il passe son temps à se promener en souriant à tout le monde. Quand les enfants l'agacent, il leur sourit et les caresse gentiment. Parfois, au grand plaisir des passants, il entonne des airs d'opéra en pleine rue.

Mikhaël l'écoute chanter avec respect et ne cherche jamais à le tourmenter. Les chants sont si beaux qu'ils le transportent dans un monde merveilleux…

Un jour, voyant le vieil homme monter dans la tour de l'horloge, il décide de le suivre. Là-haut, le musicien l'accueille joyeusement et se met à chanter pour lui. Ils deviennent aussitôt de grands amis.

Les jours suivants, le petit garçon retourne à la tour et s'exerce à chanter lui aussi. Tout content, le musicien lui fait répéter des chants. Au bout de quelques semaines, Mikhaël connaît le nom de plusieurs opéras, comme *Le Trouvère*, la

Traviata ou *Aïda*, du compositeur Verdi. Il est tout fier de pouvoir dire à son vieil ami :

– Chantez-moi un air du Trouvère. Chantez-moi un air d'Aïda !

Chaque fois que Mikhaël lui demande de chanter pour lui, le vieil homme est tout content. Sautant sur le poids de l'horloge, il se balance en s'y tenant d'une main. Il ferme les yeux. Son visage devient rayonnant et il chante toutes les mélodies que son petit ami lui demande.

Assis par terre, Mikhaël écoute. Il rêve à de belles choses, au chant de la mer qui pousse ses vagues sur la plage, à la chanson cristalline des sources, à la mélodie produite par les grands arbres quand le vent fait bouger leurs feuilles. Sa vie est transformée par la musique. Il l'aime passionnément, il ne peut plus s'en passer.

Dolia se remarie

Depuis la mort de son mari, la vie est si difficile pour Dolia qu'elle prend une grande décision : une fois la période de deuil passée, elle accepte d'épouser l'ami dont Ivan lui avait parlé avant de mourir.

*Mikhaël grimpe jusqu'au dernier étage de cette
tour pour aller retrouver le vieux musicien.*

C'est un veuf qui a un enfant beaucoup plus jeune que Mikhaël.

En passant de la situation de veuve à celle de femme mariée, Dolia retrouve une certaine sécurité, mais elle continue à vivre dans la pauvreté. Sa petite famille compte maintenant trois garçons, et son mari n'est pas toujours capable de gagner suffisamment pour répondre à leurs besoins.

Elle passe des heures à filer, à tisser et à coudre des vêtements pour eux tous, mais elle n'a jamais assez d'argent pour leur acheter des chaussures. Et lorsque la bourse est vide, Mikhaël doit partir à l'école sans manger, ce qui est très dur pour lui, car il manque d'énergie pour bien passer la journée; il lui arrive même de s'endormir sur ses cahiers. Mais à travers cette vie difficile, il continue à penser à son grand idéal de sagesse.

Le cinéma et le théâtre

Vers l'âge de 11 ans, Mikhaël s'intéresse au cinéma. Il n'a pas les moyens d'assister aux séances, mais un jour il arrive à se faufiler dans la salle. Captivé, il voit le grand écran s'animer. Il entend le pianiste, placé à gauche de l'estrade, accompagner les images qui se déroulent sur un rythme rapide.

À cette époque du cinéma muet, ce sont les gestes et les expressions des visages qui doivent révéler les sentiments des personnages pour que les spectateurs puissent comprendre l'histoire. Mikhaël regarde le film avec une grande attention, il observe les mimiques des acteurs. Ce qui le frappe le plus, c'est de voir que l'expression des yeux, les mouvements des mains ou des jambes peuvent être aussi « parlantes » que les mots.

Lui-même possède une facilité toute naturelle pour le mime. Petit à petit, son sens de l'observation et son humour l'amènent à développer des gestes précis et expressifs, capables de renforcer les paroles et même de les remplacer.

Vers la même époque, il commence aussi à s'intéresser au théâtre. Il va souvent se promener sur la grande place où se trouvent le Théâtre et l'Opéra. Hardiment, il traverse le hall de l'édifice et va se poster tout près des portes de la salle. De là, il ne peut rien voir, mais il fait un exercice contraire à celui qu'il fait au cinéma : c'est d'après les inflexions des voix qu'il essaie de deviner les expressions sur les visages des acteurs.

Certains comédiens finissent par remarquer le petit garçon qui se tient si souvent près de la porte. Un peu étonnés de cette passion qu'il manifeste pour le théâtre, ils lui posent des questions. Bientôt, ils commencent à lui donner des billets gratuits et deviennent pour lui de véritables amis.

Mikhaël, qui a toujours aimé observer les gens et les choses, a maintenant la joie de voir les acteurs interpréter leur rôle. Il s'aperçoit que ceux-ci ne sont pas tous de bons comédiens : certains ont beau parler, rire ou pleurer, on sent que leurs paroles sont vides. Mais d'autres jouent tellement bien qu'on a envie de rire avec eux ou de pleurer quand ils sont tristes. Mikhaël se dit que c'est quelque chose d'invisible qui compte : les émotions ressenties par l'acteur quand il joue. On appelle parfois cela *la présence en scène*.

Mikhaël trouve un *lev*

Mikhaël est déjà capable d'entraîner ses amis, de les enflammer pour ses idées. Enthousiaste, généreux, il possède une telle ardeur que plusieurs de ses camarades ont envie de le suivre et de l'imiter. Ils recherchent son amitié, ils viennent souvent le retrouver chez lui.

Un jour qu'il se promène avec un ami dans les rues de la ville, il passe devant une table sur laquelle sont étalés des livres. Il s'arrête et feuillette une brochure sur la vie d'un homme qui est arrivé à devenir un saint et un grand sage. Mais comme il n'a pas d'argent, il la remet sur la table. Il hésite et la regarde encore une fois en pensant : « Ah ! si je pouvais l'acheter ! »

Voyant son intérêt, le vendeur lui dit :
– Ce sera un *lev* !

En Bulgarie, un lev se divise en cent sous. C'est beaucoup d'argent. Mikhaël sourit et continue son chemin. Pensivement, il dit à son ami :
– Si le ciel me fait trouver l'argent pour cette brochure, je l'achèterai. Et s'il reste de l'argent, je le donnerai à un mendiant.

Subitement il s'arrête. À ses pieds, il vient de voir une pièce de monnaie. C'est un lev ! Avec un cri de joie, il le ramasse et court acheter sa brochure. Malheureusement, il ne reste rien pour un mendiant, mais Mikhaël remercie le ciel de lui avoir fait ce cadeau.

De retour à la maison, il se plonge dans sa lecture. Comme à l'âge de six ans, il est ému par la vie d'un saint très pur et très sage. De toutes ses forces, il veut devenir comme lui. Son cœur déborde d'amour passionné pour Dieu, il veut vivre dans la beauté, la pureté, la sagesse. Il répète, encore et encore : « Je veux devenir un saint, un sage ! »

Mikhaël est un être fraternel. Il a toujours envie de partager ses découvertes et ses joies avec ceux qu'il aime. Le lendemain, il parle à son ami de l'émotion qu'il a ressentie; il lui prête la brochure pour qu'il soit inspiré lui aussi.

Le possédé des démons

L'année suivante, pendant les vacances scolaires, Mikhaël quitte la ville pour aller camper avec son père adoptif et les charbonniers qui préparent le charbon de bois dans la forêt. Il rend de petits services aux ouvriers et observe avec intérêt leurs méthodes de travail.

Les hommes abattent des arbres, les coupent en rondins qu'ils empilent de façon à former de grandes pyramides. Sur ces constructions, ils entassent de la terre en laissant de petits trous pour l'aération, puis ils mettent le feu au bois, qui brûle pendant une semaine sous la couche de terre. Quand le charbon est prêt, il est mis dans des sacs et transporté à Varna sur des charrettes tirées par des ânes.

Les charbonniers aiment beaucoup Mikhaël et le traitent comme leur fils. Dès le premier soir, après le travail, ils lui construisent une cabane dans un arbre, avec une échelle pour y monter. Un autre jour, pour l'occuper, un des ouvriers sort de sa poche un petit livre qu'il lui prête. Voyant qu'il s'agit des Évangiles, Mikhaël grimpe dans sa cabane pour lire en paix.

Il connaît déjà les Évangiles, car le prêtre en lit toujours un passage à l'église le dimanche. Mais ce jour-là, dans la forêt, il choisit lui-même un chapitre et prend tout son temps pour le lire. Il commence l'histoire où Jésus délivre un homme possédé de plusieurs démons : cet homme avait en lui des esprits malfaisants qui lui faisaient faire et dire des choses terribles.

Une chose étrange se passe alors en Mikhaël : il a l'impression de se trouver réellement en Palestine avec Jésus. Il voit clairement le possédé que personne ne peut maîtriser. Tout étonné, il regarde Jésus chasser les démons hors du pauvre homme et les forcer à entrer dans des cochons qui se jettent à la mer et se noient. Le possédé se calme complètement et s'assoit aux pieds de Jésus, levant vers lui des yeux remplis de lumière et d'espoir. Autour d'eux, les gens sont tout surpris et émerveillés du changement.

Mikhaël pense longuement à ce fou furieux qui est maintenant assagi. Le mot *assagi*, qui lui parle de la vraie sagesse, lui reste dans la tête. C'est cela qu'il a toujours voulu pour lui-même, la sagesse. Des larmes coulent sur ses joues. Il pense à sa mère qui lui explique souvent comment il peut arriver à maîtriser ses énergies débordantes, il se reproche de ne pas tenir ses bonnes résolutions assez longtemps.

À partir de ce jour-là, il sera capable de les tenir. À 12 ans, son enfance est vraiment terminée. Jésus devient son modèle : à chacune de ses actions, il se demande ce que Jésus aurait fait à sa place. Profondément heureux de vivre dans la forêt, il se sent chez lui parmi les grands arbres. La présence du Seigneur y est presque visible.

Depuis toujours, Mikhaël a un amour spécial pour les arbres. Dans son village de Macédoine, quand il y avait du vent, les feuilles des peupliers bruissaient doucement. Et ce murmure était comme un chant qui l'appelait vers les sommets.

Il grimpait jusqu'à la cime d'un arbre et y restait longtemps, entouré de petits oiseaux qui venaient voleter près de lui. Tout autour, il ne voyait que des branches chargées de feuilles et, devant lui, la campagne. Il admirait la beauté du paysage, les champs de céréales dorées où travaillaient ses oncles et ses tantes, et les montagnes bleues au loin. Chaque fois, il se sentait comme un oiseau prêt à s'envoler dans le ciel.

Trois garçons font un jeûne

Cette dernière expérience dans la forêt silencieuse a allumé dans le cœur de Mikhaël une flamme qui ne s'éteindra jamais. Bien sûr, il continue à participer aux grands jeux que les garçons du quartier organisent dans les rues, il continue à être un enfant normal, mais il voit tout avec des yeux neufs.

Après avoir lu ces paroles de Jésus : « Soyez parfaits comme votre Père céleste est parfait », son cœur brûle du désir de la perfection. Il sait qu'il doit maintenant entrer dans le monde de l'adolescence et

se préparer à un avenir encore mystérieux, mais consacré au service de ses
frères et sœurs de la terre.

Dans le but de se préparer à sa future
mission, il décide de faire quelque chose
de très difficile. Il va jeûner, comme Jésus
a jeûné dans le désert : pendant plusieurs
jours, il ne prendra que de l'eau. Il parle
de son projet à deux de ses amis et arrive
à les convaincre de se préparer eux aussi
à une grande mission dans le monde.

Sans rien dire à personne, les trois
garçons partent ensemble un soir après
la classe. Sortant de la ville, ils vont se
cacher dans une cabane, près d'un lac. Ce
soir-là et toute la journée qui suit, ils ne
prennent pas autre chose que de l'eau
d'une source qui coule tout près; ils
prient, en essayant d'imiter Jésus.

Dès la fin de cette première journée,
les amis de Mikhaël n'en peuvent plus. Ils
ont des maux de tête et d'autres légers
malaises provoqués par le jeûne; ils
décident de rentrer chez eux. Déterminé
à continuer aussi longtemps que possible, Mikhaël leur fait promettre de ne pas
révéler sa cachette.

Pendant ce temps, sa mère le cherche
partout, comme elle l'avait cherché
quelques années plus tôt lorsqu'il était

parti sur la plage. Cela dure plusieurs jours, jusqu'à ce que l'un des garçons, inquiet pour Mikhaël, se décide à parler. Aussitôt, Dolia sort de la ville et court à la cabane. Son fils est là, tout pâle, mais ses grands yeux marron sont remplis de lumière.

Dolia réagit d'une façon qui surprend Mikhaël : elle le gronde comme elle ne l'a jamais fait encore, très sévèrement, puis elle se met à pleurer. Et lui, très malheureux, se rend compte qu'en décidant de se cacher ainsi, il n'a pas pensé à l'inquiétude qu'allait avoir sa mère.

Par ailleurs, il ne sait pas qu'à son âge, il n'est pas bon de jeûner : en pleine croissance, son corps a besoin d'une nourriture régulière pour rester en bonne santé.

Dolia le ramène lentement à la maison. Elle lui donne d'abord un bol de bouillon et, plus tard, elle lui prépare un repas très léger, de façon à réhabituer son estomac à la nourriture.

Le drapeau des ennemis

À l'automne de 1912, la Bulgarie entre en guerre avec un des pays voisins. À Varna, et partout ailleurs dans le pays, les cloches des églises sonnent pour appeler les hommes à l'armée. Tous ceux qui sont en bonne santé sont obligés de s'engager comme soldats.

La guerre est courte, mais beaucoup de combattants sont tués. Quand la victoire de la Bulgarie est annoncée, les gens sortent dans les rues pour chanter et danser. Ils suspendent des drapeaux partout, ils mettent sur leurs balcons la photo de Ferdinand, le roi de Bulgarie.

Mikhaël est très heureux lui aussi ce jour-là. De tout son cœur, il souhaite qu'il n'y ait plus de guerres et que la paix s'installe dans le monde. Ses amis viennent le chercher et, pour fêter la fin de la violence dans leur pays, ils décident de se rendre au consulat ennemi pour y enlever le drapeau. Tout excités, ils courent à travers des foules de gens qui dansent dans les rues.

C'est Mikhaël qui grimpe sur le toit. Juste au moment où il redescend, la police arrive. Ses compagnons s'enfuient en courant, mais il n'a pas le temps de les suivre. Le drapeau à la main, il se retrouve tout seul devant les agents à cheval qui se placent de chaque côté de lui et lui ordonnent d'avancer.

Encadré par les deux policiers, il doit

traverser une partie de la ville jusqu'au poste de police. Les gens se retournent sur son passage. Au poste, pendant qu'il attend dans un coin de la pièce, il trouve que les policiers ont l'air sévère. Il se demande avec inquiétude ce qui va lui arriver. Est-ce qu'il sera mis en prison ?

Mais en fait, ils commencent à parler tout bas entre eux et se mettent à rire. Mikhaël se rend compte avec surprise que les agents sont amusés par son audace, qu'ils ne sont pas fachés. Ce drapeau est celui du pays qui a été vaincu aujourd'hui : comment peuvent-ils punir Mikhaël pour l'avoir enlevé du toit ? Finalement, ils le renvoient chez lui après lui avoir fait une réprimande paternelle.

Une petite chambre pour Mikhaël

À 13 ans, Mikhaël lit beaucoup. Depuis des années, il emprunte des livres à la bibliothèque de l'école, et plusieurs des instituteurs, touchés par sa soif d'apprendre, lui en prêtent aussi. Mais à la maison, à cause des autres enfants, il ne lui est pas facile de trouver le calme nécessaire à l'étude et à la réflexion. Il partage une chambre avec son jeune frère Alexandre et le fils de son père adoptif. En plus, il a maintenant deux petites sœurs, qui ne sont encore que des bébés.

Dolia voit bien que son fils aîné souffre de ne pas pouvoir lire en paix. Elle décide de réorganiser toute la maison de façon à ce qu'il ait sa propre chambre. Avec son aide, elle déplace les meubles, et Mikhaël peut enfin s'installer dans une petite pièce qui donne sur le toit de la cuisine.

Cette chambre devient son paradis personnel, et il y passe beaucoup de temps à lire des romans d'aventures ou de détection, des œuvres scientifiques. Il aime aussi les livres qui parlent de l'univers, des anges, du Seigneur. Un jour, il trouve à la bibliothèque municipale un livre sur les techniques de respiration profonde; l'auteur affirme que ces respirations sont très bonnes pour la santé.

Très intéressé, Mikhaël s'exerce à faire ces respirations : il inspire très lentement en pensant à la lumière qui entre dans tout son corps, puis il rejette l'air le plus longtemps possible en imaginant qu'il se

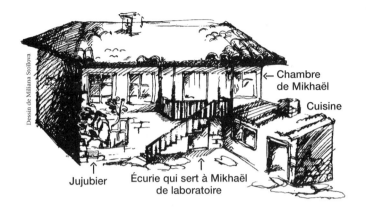

Dessin de Miliana Stoïlova

← Chambre
de Mikhaël

Cuisine

Jujubier   Écurie qui sert à Mikhaël
de laboratoire

débarrasse de tout ce qui pourrait nuire à
sa santé. Il essaie de trouver un rythme
égal, harmonieux comme une musique.

À cette époque, après avoir lu un texte
sur Bouddha, il commence aussi à faire
des exercices de *yoga*. Le mot *yoga* veut
dire *union*, et c'est l'union à Dieu que
Mikhaël cherche : ces lents exercices
physiques, combinés aux respirations
profondes, lui apportent un grand calme.

Bouddha, un grand Maître qui a inspiré la religion du bouddhisme en Inde, le
touche profondément par sa sagesse et
son amour pour tous les êtres de la terre.
Il devient pour lui un second modèle,
après Jésus.

La méditation

Dans sa chambre, Mikhaël apprend aussi à méditer. Assis par terre, les jambes croisées, il s'efforce de rester immobile. Au début ce n'est pas facile, car ses paupières, ses bras ou ses doigts sont agités de mouvements qu'il a du mal à dominer. Mais peu à peu, il y arrive.

Quand il sent que tous ses muscles sont bien détendus et que son esprit est apaisé, il choisit une idée, par exemple la lumière. Plus il pense à la lumière, plus il oublie son corps. Il se sent libre comme un oiseau dans le ciel, il est prêt à explorer le monde de la lumière.

Bien sûr, au début, son esprit est distrait par toutes sortes d'idées, mais il continue à penser à la lumière. Et dans la lumière, il voit de belles choses, comme les mouettes et les colombes, les forêts, les rivières et les lacs. La mer avec ses vagues immenses. Les montagnes bleues, comme celles qu'il voyait du haut des peupliers de son enfance. Les plus petites choses comme les fleurs, les papillons, les flocons de neige.

À la longue, les images deviennent plus rares, son esprit est de plus en plus calme. À force d'imaginer une belle lumière, il a oublié son corps, il vit dans un monde léger et mystérieux, le monde de la lumière. Il est heureux, il remercie son Père céleste. Parfois, il lui arrive même de se sentir uni à Dieu comme s'il était en lui. C'est cela, le cadeau apporté par la méditation, c'est la joie, le bonheur de l'âme et du cœur.

Une fabrique de bonbons

Pendant les vacances scolaires, Mikhaël décide de gagner un peu d'argent pour aider sa mère. Il s'embauche chez un tailleur. Mais ce métier, qui l'oblige à rester assis toute la journée, ne convient pas à son caractère. Après quelques heures de travail, il s'ennuie tellement qu'il s'endort sur son ouvrage. À la fin du premier jour, il dit au tailleur qu'il ne peut pas continuer.

Quelque temps après, il apprend qu'on a besoin d'un ouvrier dans une petite fabrique de bonbons du quartier. Il s'y présente aussitôt et reçoit des explications sur les tâches qu'il doit accomplir. Mais quand le patron le quitte, il regarde les autres ouvriers, et ce n'est qu'après avoir bien observé leur façon de faire qu'il se met au travail.

Le premier jour, une surprise l'attend : le patron permet à ses employés de manger autant de bonbons qu'ils le désirent. Tout content, Mikhaël ne se prive pas, mais chaque fois qu'il en choisit un, ses compagnons se font des clins d'œil. Intrigué, il se demande ce qui les amuse.

Quelques jours plus tard, il a compris : son envie de manger des bonbons a complètement disparu parce qu'il en est devenu écœuré. Avec une petite mimique, il fait lui-même un clin d'œil à ses compagnons et continue son travail. Il pense : « Le patron est très sage; il sait bien qu'il perd moins de bonbons de cette façon que s'il nous défendait d'en manger… »

L'usine de pastels

L'été suivant, Mikhaël s'engage dans une autre usine. Grâce à son expérience dans la fabrique de bonbons, il se sent à l'aise dans le monde ouvrier. L'ambiance de l'endroit est agréable, les couleurs des pastels sont très belles. Là aussi le jeune garçon observe les autres ouvriers avant de se mettre au travail. Après plusieurs jours, quand il est sûr d'avoir maîtrisé toute la technique de la fabrication des pastels, il décide de changer un détail dans sa façon de faire : il est convaincu que cela lui fera gagner du temps sans perdre la qualité des bâtonnets.

Lorsque le patron vérifie son travail, il constate que les pastels de Mikhaël sont aussi beaux que ceux des autres ouvriers, mais que sa production compte plusieurs bâtons de plus. Pour le récompenser, il lui donne, en plus de son salaire, une petite somme d'argent appelée *bonification*.

Ces expériences de travail permettent à Mikhaël d'aider sa mère, mais elles lui donnent aussi la chance de mieux connaître les gens, de mieux comprendre la vie. C'est avec beaucoup d'attention qu'il écoute ses compagnons parler de leurs problèmes, de leurs peines et de leurs joies. Il garde tout cela dans son cœur et y réfléchit souvent.

Le yoga de la nutrition

Un matin, Mikhaël se prépare à partir au travail pour toute la journée, mais sa mère n'a rien à lui donner pour son petit déjeuner. Tout ce qui lui reste, c'est de la farine. Elle soupire et se met à faire un petit pain en pensant à son fils qui est si mince et qui aurait grand besoin d'une bonne nourriture. Elle pétrit la pâte avec tout son amour et y met toutes ses forces.

Après avoir mangé son petit pain, Mikhaël passe une très bonne journée. Il est en pleine forme et ne sent pas la faim jusqu'au soir. En rentrant à la maison, il demande :

– Maman, qu'est-ce que tu avais mis dans ce pain ?

– En le faisant, j'ai prié pour qu'il te donne les forces nécessaires à ta journée.

Mikhaël lui pose un baiser sur la joue en pensant : « Elle possède tant de sagesse, elle est meilleure que tous les professeurs. »

Quelques jours plus tard, il a l'occasion de vérifier par lui-même une chose importante à propos de la nourriture. Cette fois, sa mère n'a qu'un morceau de pain et un petit bout de fromage à lui donner. Il décide de les mastiquer très longtemps. Même avant d'avoir terminé, il ressent un tel bien-être qu'il en est étonné : tout son corps est vivant comme jamais, il se sent fort et souple, rempli de joie et de paix. Il conclut :

« La nourriture contient des énergies invisibles qui agissent sur le corps. Pour profiter de ces énergies, il ne faut pas manger trop rapidement. En plus, il faut prendre ses repas dans le calme, et pas dans le bruit et les disputes. »

À partir de ce jour-là, il mange avec beaucoup d'attention en essayant de penser à chacun de ses gestes, il remercie Dieu qui continue à nous donner la vie à travers les fruits et les légumes. Plus tard, il appellera cette façon consciente de se nourrir : *le yoga de la nutrition.*

Dolia est devenue guérisseuse

Malgré ce que Mikhaël a découvert sur la façon de se nourrir, sa santé n'est pas très bonne à cette époque de sa vie, car son alimentation n'est pas suffisante. Il lui arrive aussi de prendre froid sous la pluie ou dans la neige, car il n'a que sa paire de sandales pour se protéger les pieds.

Chaque fois qu'il est malade, sa mère le soigne et réussit à le guérir. Depuis longtemps, Dolia est devenue guérisseuse comme sa propre mère, et beaucoup de gens viennent lui confier leurs problèmes de santé. Mikhaël l'a souvent vue toucher légèrement les malades sur le plexus solaire – au-dessus du nombril – avant de les soigner. Un jour il lui demande :

Photo de 1911

*La mère de Mikhaël à
l'âge de 35 ans.*

– Maman, comment t'y prends-tu pour guérir ? Que fais-tu aux malades ?

Avant de répondre, Dolia réfléchit un moment, puis elle sourit à son fils.

– Par moi-même, dit-elle, je suis faible. Mais quand je me trouve auprès d'un malade, je prie Dieu. Je sais qu'il est puissant et bon. J'ai un amour immense pour le malade et toute mon âme reçoit l'amour du Seigneur. Je donne cet amour à celui que je soigne et il guérit.

Mikhaël l'écoute en pensant : « Elle dit qu'elle est faible, mais c'est l'amour qui est puissant. »

Pour lui qui a découvert dès sa petite enfance l'importance des liens, cette explication est très frappante. Ce jour-là, il comprend que sa mère a un lien très fort avec le Seigneur, et que c'est ce lien qui lui donne la possibilité de guérir les malades. Il réfléchit :

« Pendant qu'elle soigne, elle est comme un enfant qui tient dans ses mains un fil. À travers ce fil passe un courant formidable : c'est la force de Dieu qui passe à travers ses mains. Et les malades reçoivent ces énergies qui les guérissent. »

Ce lien avec Dieu, Mikhaël cherche à le garder vivant et puissant dans sa propre vie. Par la pensée, il monte vers ce monde peuplé d'êtres qu'on ne voit pas mais dont on sent souvent la présence. Il imagine qu'un fil d'or le relie à ces êtres. À travers ce fil d'or, il reçoit des grâces du Seigneur, des joies, des inspirations.

Mikhaël en classe

Au lycée *Roi Boris*, Mikhaël marche rapidement dans la cour de récréation en étudiant la leçon du jour. C'est le livre d'un camarade qu'il utilise. Ses parents n'ayant pas les moyens de lui acheter les manuels scolaires, il ne peut jamais étudier à la maison. Pour lui, la seule façon de s'en tirer est de compter sur son excellente mémoire et d'apprendre ses leçons pendant la récréation.

Toujours assis au fond de la classe, il écoute et ne parle pas beaucoup. Son intelligence très vive l'amène à réfléchir à tout ce qu'il apprend, sa mémoire retient tout ce qu'il entend, mais il ne veut pas devenir comme les élèves qui apprennent tout par cœur sans rien comprendre de ce qu'ils récitent. Il demeure libre dans ses réflexions personnelles.

En classe, il n'est pas souvent interrogé, mais chaque fois que cela se produit, ses camarades sont tout contents. Sachant d'avance qu'ils vont entendre une histoire spéciale, ils attendent en silence : même quand Mikhaël n'a pas eu le temps d'apprendre la leçon, il sait au moins de quoi il s'agit et il ajoute toujours quelque chose d'intéressant. Grâce à ses lectures variées, il arrive à trouver dans sa mémoire une histoire qui a un lien avec le thème du jour et qui peut intéresser ses camarades. Son sens de l'humour l'amène souvent à faire rire toute la classe. Dans ces cas-là, même les professeurs les plus sévères ne peuvent s'empêcher de sourire eux aussi.

Sans le savoir, Mikhaël continue à avoir beaucoup d'influence sur ses camarades, et eux-mêmes le recherchent instinctivement. Il est beau, mais c'est surtout la beauté de son âme qui est inscrite sur son visage et qui attire. En plus de l'amitié qu'il manifeste à chacun, sa franchise et sa loyauté inspirent confiance.

Le professeur sans autorité

Au lycée, Mikhaël observe ses professeurs et les trouve très différents les uns des autres. Par exemple, celui qui enseigne les mathématiques n'a aucune autorité. Pendant son cours, c'est le désordre. Avec un manque total de respect, ses élèves rient de lui et essaient de le mettre en colère. Mikhaël ne participe pas à tout cela parce qu'il a pitié du pauvre homme. Il voit bien que ce professeur est trop sensible et que c'est pour cela qu'il n'est pas capable d'imposer son autorité.

Un jour que les élèves ont été très tapageurs, le professeur est si fâché qu'il sort de la classe en claquant la porte. Mikhaël en profite pour se lever et demander à ses camarades de cesser leur persécution. Il leur dit :

– Nous le faisons souffrir, et pourquoi ? Il n'est pas méchant. Pourquoi être cruel avec lui parce qu'il n'a pas d'autorité ?

– Ça nous amuse ! lance un des élèves.

– Il est sincère, reprend Mikhaël. Est-ce que nous ne pourrions pas être sincères avec lui, nous aussi ?

Les autres garçons, un peu surpris, se regardent les uns les autres. Ils sont forcés de réfléchir, car Mikhaël n'a pas l'habitude de faire la morale, et ce qu'il dit maintenant est tout à fait logique. Comme ils aiment bien leur camarade silencieux du fond de la classe, ils acceptent de changer d'attitude.

Ce n'est pas toujours parce qu'un homme est grand et fort qu'il peut s'imposer. Mikhaël s'aperçoit qu'un autre professeur, petit et maigre, a beaucoup d'autorité et sait se faire obéir sans discussion. Lui aussi est sensible, mais il a développé une force intérieure, il a appris à maîtriser ses émotions et ses gestes.

Mikhaël est fasciné par tout cela. Il sait déjà que la sensibilité est très importante parce qu'elle fait partie de la vraie force : un fort qui n'est pas sensible finira par devenir un violent, mais un fort qui possède aussi la sensibilité pourra, s'il travaille beaucoup, devenir maître de lui-même.

Un élève orgueilleux

Dans une autre classe que celle de Mikhaël, il y a un élève qui s'imagine être un écrivain de génie. Il se moque de ceux qui n'ont pas de talent pour écrire. Comme il est jaloux de Mikhaël, il l'insulte souvent devant tout le monde. Mais il ne réussit pas à le faire réagir : Mikhaël est déterminé à se maîtriser et ne répond pas.

Ce que Guéorgui ne sait pas, c'est que Mikhaël s'exerce à acquérir la maîtrise de soi et qu'il fait des exercices de yoga pour renforcer sa volonté. C'est son désir de devenir un grand sage qui lui donne la force de supporter les choses difficiles.

Guéorgui finit par conclure qu'il a affaire à un lâche. Un jour, pendant la récréation, après s'être moqué de deux élèves timides, il se tourne vers Mikhaël et recommence à l'insulter. Jusqu'à maintenant, Mikhaël a été très patient, il a réussi à rester calme devant chacune de ces attaques. Tous ses efforts l'ont déjà fortifié. Mais aujourd'hui, il se dit : « Ça suffit. La patience ne l'assagira pas. Je vais lui montrer que je suis un génie moi aussi, mais dans un autre domaine, et que je peux lire sur les visages. »

Il se plante devant Guéorgui et le regarde dans les yeux. Autour d'eux, tous les garçons font silence. Le moment est important, chacun le sent. Quant à Guéorgui, il attend avec un sourire moqueur.

Mikhaël prend tout son temps. En silence, il examine les détails du visage de son adversaire. Puis il se met à décrire son caractère d'après la forme de son nez, de sa bouche, de son menton. L'autre garçon n'en revient pas. Il se reconnaît dans le portrait que Mikhaël fait de lui. Incapable de répliquer, il rougit, regarde à ses pieds et finit par s'en aller sans rien dire.

Le lendemain, il n'est plus le même. De loin, il observe Mikhaël, puis il essaie de s'approcher de lui pour lui parler. Ce garçon orgueilleux, habitué à voir les autres céder devant lui, a vu pour la première fois un de ses camarades lui tenir tête, mais sans violence. Il s'est aperçu que son ancienne victime possède une grande force intérieure, il comprend aussi que la maîtrise de soi n'est pas de la faiblesse ou de la lâcheté.

Les amis de Mikhaël savent qu'il s'intéresse à des choses spéciales, comme la méditation et le yoga. Plutôt que de le ridiculiser, ils le respectent : ils peuvent constater que leur camarade est dynamique, enthousiaste, toujours prêt à faire de nouvelles expériences, capable de tenir sa partie dans n'importe quel jeu. Mais ils savent aussi que Mikhaël ne participe jamais à des activités qui peuvent faire du tort aux autres. La force de sa personnalité leur en impose, même s'il ne cherche jamais à se mettre en valeur.

Depuis que Mikhaël habite ce quartier pauvre où les conditions de vie favorisent la délinquance, il est toujours resté indépendant et libre. En fait, ses conseillers

intérieurs lui sont très présents et le pro-
tègent du milieu difficile dans lequel il est
obligé de vivre.

Le vieux mendiant

À l'entrée de l'église Sainte-Trinité se
tient un vieux mendiant en guenilles;
tous les jours, il attend les aumônes des
passants. Sa chevelure est emmêlée sous
un chapeau déformé, sa longue barbe est
comme une forêt en broussailles. Ses
petits yeux brillants observent avec un vif
intérêt tout ce qui se passe autour de lui.

Mikhaël est intrigué par ce vieillard.
Un jour qu'il se promène avec un de ses
amis, il s'approche pour lui parler. Et c'est
une vraie surprise : il découvre que le
mendiant a des idées très intéressantes
sur la vie et sur les gens. À partir de ce
jour-là, il va souvent parler avec lui. Il
voudrait bien l'aider à sortir de la misère,
mais il n'a pas d'argent à lui donner.

Un jour, il lui vient à l'esprit une idée
qu'il partage avec son ami : peut-être
pourraient-ils aider le mendiant d'une
autre façon en le faisant entrer à l'hospice
des vieillards, où il aurait son lit et sa
nourriture ? L'autre garçon manifeste un
grand enthousiasme pour ce projet.

Ensemble, ils vont voir la directrice de l'hospice, et Mikhaël explique le cas du mendiant avec tant de conviction qu'il réussit à le faire admettre. Les deux amis courent à l'église pour annoncer la nouvelle à leur vieil ami et l'accompagnent à l'hospice où il est lavé, rasé, peigné, vêtu d'habits propres.

Deux ou trois semaines se passent. Un soir, les deux amis aperçoivent un nouveau mendiant sous le porche de l'église. Ils s'approchent. C'est l'ancien ! Devant leur surprise, celui-ci se met à rire et leur dit gentiment, pour ne pas les blesser :

– J'étais malheureux à l'hospice, je me sentais comme un prisonnier, avec tous leurs règlements. J'aime mieux être mendiant, mais libre. Je suis habitué à cette vie-là et je suis heureux, même si je ne possède rien. Il ne faut pas m'en vouloir.

Mikhaël n'oubliera jamais cet incident, qui lui a appris des choses importantes sur la nature humaine.

L'écurie devient un laboratoire

Les choses qui intéressent Mikhaël sont très variées. Quand il découvre la chimie, il se passionne pour cette science. Son désir de faire des expériences est si fort qu'il demande à sa mère la permission de transformer l'écurie en laboratoire. Cette pièce, avec son plancher en terre battue et son jujubier qui sort par la fenêtre, lui paraît idéale pour ses essais de chimiste débutant.

Dolia lui donne la permission demandée. Elle va même plus loin et met quelques sous de côté pour lui acheter une *cornue* en verre dans laquelle il pourra faire chauffer des liquides. Très heureux, Mikhaël se lance dans une toute première expérience avec de la poudre. On peut imaginer les explosions qui se produisent de temps en temps dans son laboratoire, mais aussi dans le comportement de ses voisins !

Une goutte de mercure

Une des petites sœurs de Mikhaël a la fièvre. Dolia prend sa température, mais au moment où elle remet le thermomètre sur la table, l'enfant malade fait un geste brusque. Le thermomètre tombe par terre et se brise. Pour Dolia, c'est une grande perte, car elle ne pourra pas en acheter un autre de si tôt.

Mikhaël ramasse la goutte de mercure qui a roulé sur le plancher et qui ne sert plus à rien maintenant. Dans la paume de sa main, le métal liquide est brillant comme un bijou. Il l'emporte dans sa chambre pour faire des expériences.

Tout d'abord, il divise la goutte de mercure en trois, mais dès que les petites gouttes se touchent, elles se reforment en une seule grosse goutte. Essayant autre chose, Mikhaël la divise encore une fois en trois petites gouttes qu'il dépose sur l'appui de la fenêtre. Doucement, il les roule dans la fine poussière qui s'y trouve. Ensuite il a beau les rapprocher et essayer de les recoller, elles restent séparées et ne veulent pas se réunir en une seule goutte.

Il pense : « C'est comme pour nous ! Quand on est pur, on peut s'unir au Seigneur, mais quand on accumule les mauvaises actions, on est comme le mercure poussiéreux. On n'est plus capable de se rapprocher de Lui. On reste tout seul, et on ne peut plus recevoir les forces et les qualités qui viennent de Lui. »

Pour Mikhaël, dont l'idéal est de devenir un être rempli d'amour – comme Jésus et comme Bouddha – cette idée est très importante. Il pense aussi : « La pureté est nécessaire pour réussir de grandes choses. »

La puissance de la pensée

Par un bel après-midi d'automne, Mikhaël se promène dans le parc appelé le *Jardin de la Mer*. De gens sont assis sur les bancs. Très bien, c'est ce qu'il lui faut. Il est venu ici dans l'idée de faire des expériences parce qu'il a découvert que la pensée est très puissante et que tous les êtres humains pourraient réaliser de belles choses avec cette force, s'ils savaient comment s'en servir.

De loin, il regarde un des hommes et fixe sa pensée sur lui. En silence, il répète : « Allez, levez-vous ! Levez-vous ! » Il ne pense qu'à cela, à rien d'autre. Après un certain temps, l'homme se lève et s'en va. Juste pour le plaisir, Mikhaël va prendre sa place. Et afin d'être sûr que cet homme ne s'est pas levé par hasard, il refait plusieurs fois l'expérience. Il s'éloigne et choisit une autre personne sur laquelle se concentrer. Et chaque fois la personne se lève, quitte le parc ou se met à se promener dans les allées.

S'il s'exerce de cette façon, c'est pour développer sa volonté et sa maîtrise. Il n'a pas l'intention d'essayer de dominer les autres, car jamais il ne veut faire de tort à personne, au contraire; son plus cher désir est d'aider tout le monde, d'entraîner ses amis à devenir meilleurs. Mais on ne peut pas s'exercer à influencer les autres sans être mis en contact avec les forces du mal. Tôt ou tard, on est tenté de dominer les personnes qui nous entourent. Bientôt, Mikhaël aura un choix à faire entre les deux forces du bien et du mal, quand il rencontrera deux êtres mystérieux sur son chemin.

Se guérir de la timidité

Malgré son caractère décidé, Mikhaël souffre à ce moment de sa vie d'une grande timidité en public. En cela, il est semblable à beaucoup de gens qui ont ce problème durant leur jeunesse. Bien souvent, il passe et repasse devant un magasin avant de se décider à y entrer; quand il doit parler à des inconnus, il lui arrive de bafouiller. Un beau jour, après avoir lu un article sur la *visualisation*, il prend la décision d'utiliser cette méthode pour se guérir de son défaut.

Visualiser, c'est *voir*, dans sa pensée, des choses qu'on imagine. Se concentrer, c'est mettre toutes ses forces dans sa pensée. Mikhaël pense très fort aux différentes actions qu'il voudrait arriver à faire avec assurance. Les yeux fermés, il se concentre. Il se *voit* entrer d'un pas décidé dans un magasin, il se *voit* parler calmement et clairement à des inconnus. Avant de dormir, il répète : « Ma timidité est en train de disparaître, ma timidité est déjà vaincue. »

Petit à petit, grâce à la capacité de concentration qu'il a déjà développée depuis qu'il s'exerce à la méditation, il réussit à se débarrasser de ce défaut qui l'a tant fait souffrir.

Une pianiste joue pour Mikhaël

Depuis qu'il a rencontré le musicien fou à l'âge de neuf ans, Mikhaël n'a pas cessé d'aimer la musique. De tous les instruments, c'est le violon qu'il préfère. À l'école, le jour de la leçon de musique, quand certains de ses camarades arrivent avec leurs violons et leurs guitares, il ne peut s'empêcher de regretter la pauvreté de sa famille.

Après chacune de ces leçons, il rentre à la maison en rêvant d'un instrument sur lequel il pourrait apprendre à jouer une musique merveilleuse. Un beau jour, il parle de son amour pour la musique à une amie de sa mère qui est très bonne pianiste. Elle lui dit alors :

– Si tu veux, tu peux venir chez moi quand je joue du piano, et écouter. Cela me fera grand plaisir.

Mikhaël est si reconnaissant qu'il ne sait comment la remercier. Elle ajoute :

– Viens chaque fois que tu le voudras !

Parmi les amis de ses parents, il y a des gens généreux qui aiment bien Mikhaël et qui ont souvent essayé de l'aider, par exemple en lui prêtant des livres. Cette fois, il s'agit d'un cadeau magnifique. Pouvoir écouter de la musique chaque fois qu'il le voudra, c'est fabuleux ! Il ne faut pas oublier qu'en 1914, il n'y a pas encore la radio dans toutes les maisons…

À partir de ce jour-là, Mikhaël va souvent chez la pianiste après la classe. Assis par terre dans un coin de la pièce, il passe des heures à l'écouter. Il s'aperçoit que les différents morceaux de musique lui apportent des choses différentes : certains le remplissent de paix et de joie, d'autres lui donnent de l'énergie et de l'enthousiasme, d'autres encore éveillent en lui des émotions très puissantes.

Les sept couleurs du prisme

Le jour de ses 15 ans, Mikhaël reçoit en cadeau un prisme et des petits pots de couleur pour peindre. Tenant dans sa main le morceau de cristal à trois côtés, il en admire la transparence.

C'est le 31 janvier et il fait froid, mais le soleil brille. Dans sa chambre, Mikhaël met son prisme sur l'appui de fenêtre et voit avec émerveillement que les rayons du soleil, en passant à travers le cristal, projettent sur le mur les sept couleurs de l'arc-en-ciel : le rouge, l'orange, le jaune, le vert, le bleu, l'indigo, le violet.

Il ne se lasse pas de les regarder. Chaque couleur lui révèle quelque chose de différent. Le bien-être qu'il ressent en les regardant est tel qu'il se dit : « Les couleurs ont une influence sur l'être humain. » Il a besoin d'en savoir plus : le rouge a-t-il un effet différent du bleu, par exemple ? Et le jaune ? Et le violet ?

Les pots de couleur reçus en cadeau vont lui permettre de faire des expériences. Avec un pinceau, il met du rouge sur les vitres de sa fenêtre et s'assoit pour méditer dans la lumière colorée. Après une longue méditation, il s'aperçoit que le rouge, couleur de la vie, lui a donné beaucoup d'énergie.

Il lave les vitres et fait une autre expérience avec l'orange, puis avec le jaune et le vert. Chaque fois, il ressent quelque chose de différent. Quand il arrive au bleu, il constate que cette couleur lui apporte un grand calme; elle lui fait penser à la musique qu'il aime tant.

La septième couleur, le violet, l'aide à se lier au Seigneur par la pensée. Alors son cœur se remplit d'amour, et son plus grand désir est de travailler pour le bien de l'humanité. Toute son âme se tend vers son Père céleste, elle devient comme la voile d'un bateau qui se gonfle pour aller vers le grand large.

Dans sa famille et chez ses voisins, on commence à trouver qu'il fait des choses très bizarres, mais il ne s'en inquiète pas trop. Ce qu'il veut, c'est devenir comme un prisme, afin que la lumière du Seigneur puisse passer à travers lui.

L'homme qui mangeait du feu

Mikhaël découvre une légende de Zarathoustra. D'après ce grand prophète iranien, le premier homme créé par Dieu ne mangeait ni des fruits, ni des légumes, ni des animaux. Il mangeait du feu et

buvait de la lumière.

Très inspiré par cette histoire, Mikhaël commence à aller dans le parc le matin très tôt pour voir le soleil se lever sur la mer. Il respire la lumière, il la boit et s'en pénètre tout entier. Après un certain temps, il s'aperçoit que la lumière du soleil levant est très bénéfique. Plus tard il dira que le soleil, avec sa lumière éclatante, donne la vie à tous sans rien attendre en retour et que dans ce sens il est l'image la plus parfaite du Seigneur.

Le soleil l'attire de plus en plus. Chaque fois qu'il regarde les belles couleurs que ses rayons projettent sur le mur en traversant le prisme, il se dit que l'astre du jour est à la source de tout : si le soleil cessait de se lever le matin, tout mourrait sur la terre, car rien ne peut vivre dans l'obscurité complète et le grand froid.

Et puis, le soleil fait voir des choses qui resteraient invisibles sans la lumière, comme les sept couleurs : on ne peut les voir à moins qu'un rayon de soleil ne les révèle en passant à travers des gouttes de pluie ou le cristal d'un prisme.

Tous ces exercices que fait Mikhaël pour se transformer deviennent de plus en plus importants pour lui. C'est ce qu'il appellera plus tard *le travail sur soi*.

La recherche d'un Maître

Dans sa petite chambre, là où personne ne l'entend, Mikhaël s'adresse un jour aux êtres invisibles qu'il sent près de lui. Il leur parle comme on parle à ses parents :

– Qu'est-ce que je peux faire ? Je suis tellement ordinaire... Est-ce que vous allez me laisser comme ça ? Je ne peux plus vivre tel que je suis ! Envoyez-moi des anges, envoyez-moi toutes les créatures intelligentes, pures et nobles...

Après avoir examiné sa vie, il n'est pas content de lui-même, ni de son comportement, ni de ses activités, ni du résultat de ses études. Il se dit qu'il n'est pas à la hauteur de son idéal et il se sent découragé. C'est pour cela qu'il supplie les anges de venir l'aider.

Son désir de devenir comme le Père céleste le porte à être trop sévère avec lui-même : il ne voit que ses faiblesses. Si son père avait vécu, il aurait pu se confier à lui et lui demander conseil. En ce moment, sa mère ne lui suffit pas, il a aussi besoin d'un conseiller qui remplacerait ce père qu'il a perdu beaucoup trop tôt.

« La solution, pense-t-il, c'est de trouver un sage qui pourra me guider et me conseiller. Autrement, je risque de me tromper très souvent. »

Ce sage, il le cherche pendant long-temps. Grâce à ses nombreuses lectures, il connaît l'existence des saints et des Maîtres, qui sont capables de s'unir à Dieu de façon intense. Il sait que dans le passé, en Bulgarie, en Inde, en Égypte et au Tibet, ces grands êtres ont fait beaucoup de bien à l'humanité. Par exemple, au Moyen Âge en Bulgarie, Boïan le Mage a eu une influence très bénéfique sur son roi ainsi que sur les nombreuses personnes qui suivaient son enseignement.

Dans l'espoir de trouver celui qu'il

cherche, Mikhaël va écouter des conférenciers, des prêtres orthodoxes et des pasteurs protestants, mais il voit bien que ces gens ne sont pas des maîtres. Cessant de chercher de ce côté, il recommence à lire des livres qui racontent la vie des grands bienfaiteurs de l'humanité. Il se procure aussi un vieux fauteuil, le nettoie soigneusement et le met dans sa chambre. Il ne l'utilise jamais : ce fauteuil représente le Maître que son cœur attend.

Des rêves d'avenir

Comme tous les jeunes, Mikhaël fait de grands rêves pour son avenir. Il pense à plusieurs professions possibles. Mais l'idéal qu'il a dans son cœur ne lui permet pas de faire n'importe quel projet. En fait, c'est son rêve de devenir un sage qui est le plus important, et il continue à faire du yoga et des méditations. C'est comme cela qu'il se préparera le mieux à son avenir.

Afin de consacrer tout son temps à ses lectures, à ses exercices de yoga et à ses méditations, il quitte l'école. Ce n'est pas une bonne décision, même si elle est née de son brûlant désir de perfection. Dolia ne l'approuve pas, mais voyant qu'il ne se laisse pas influencer, elle cesse d'insister.

Mikhaël ne sait pas encore quelle sera sa mission sur la terre, mais il se prépare à être un vrai serviteur de Dieu. Il fait des efforts pour développer en lui-même l'amour plutôt que l'égoïsme, la vérité plutôt que le mensonge, la sagesse plutôt que la médiocrité et l'indiscipline. Et bientôt il rencontrera le Maître qu'il cherche.

Tout d'abord, il reçoit une petite indication sur ce Maître lors d'un voyage à Sofia. Après avoir réussi à ramasser une petite somme pour s'acheter quelques livres, il prend le train pour la capitale de son pays. Et là, dans une bonne librairie, il examine les livres qui viennent de paraître. Le libraire, qui l'observe avec attention, prend subitement quelques brochures sur une tablette et les lui offre.

– Voici ce que tu dois lire, dit-il.

Mikhaël regarde les brochures. Il en a lu beaucoup, de ces textes écrits par des prêtres ou des pasteurs, sans jamais être satisfait de ce qu'il y a trouvé. Mais il lève les yeux sur le libraire et lui sourit :

– Merci Monsieur, de m'indiquer ce que vous connaissez de meilleur.

Une fois monté dans le train, il s'aperçoit qu'il a perdu les livres achetés ce jour-là. Il ne lui reste plus que les brochures. C'est bien étrange, et il ne sait pas du tout comment cela a pu arriver. Pour lui qui a tant de mal à gagner quelques sous, c'est une grande perte.

Faute de mieux, il se met à lire les brochures, dont l'auteur est Peter Deunov. Et c'est alors qu'il trouve des réponses aux questions qu'il se pose depuis longtemps sur la vie, sur Dieu, sur l'éternité. Très impressionné, il se dit : « Ah, si je pouvais rencontrer cet auteur ! »

Ce n'est pas par hasard que Mikhaël a perdu ses livres : ce petit malheur a été pour lui l'occasion de s'intéresser à ces brochures qu'il n'aurait peut-être pas lues autrement. Il ne le sait pas encore, mais Peter Deunov est le Maître qu'il a beaucoup cherché et qui le guidera pendant un certain temps.

L'illumination

Mikhaël est maintenant âgé de 15 ans et demi. Il a tant travaillé sur lui-même, il a tant supplié Dieu de venir habiter en lui qu'il est prêt à recevoir l'Esprit.

Un matin d'été, il va comme d'habitude au lever du soleil au bord de la mer.

Mais au lieu de s'arrêter dans le parc, il marche vers l'extérieur de la ville, monte sur une colline et s'assoit dans un verger. Le soleil se lève. Mikhaël le contemple longuement.

Soudain, il sent autour de lui des présences célestes. Partout il ne voit qu'une lumière éclatante. Les arbres, la terre et la mer deviennent transparents dans la lumière. Autour de lui, la nature est si belle qu'il est en extase : c'est comme s'il n'était plus sur la terre, comme si Dieu le prenait dans ses bras. Il ressent un bonheur extraordinaire.

Mais une extase ne peut pas durer indéfiniment, car on finirait par mourir : le corps physique est fait pour vivre sur la terre et non dans le monde de la lumière. Après un certain temps, Mikhaël se retrouve de nouveau dans la réalité terrestre. Il regarde autour de lui. Tout est terne, il ne retrouve plus la beauté et les merveilleuses sensations qu'il vient de connaître.

Pendant plusieurs jours, il est incapable de penser à autre chose. Il se rappelle combien c'était beau : c'était comme le ciel. Tout son corps est encore nourri des énergies de lumière qu'il a reçues. Il n'a ni faim ni soif. Son cœur est rempli d'amour et de douceur. Il déborde de joie.

Une extase comme celle-ci, qu'on appelle une Illumination, remplit l'âme de lumière, elle *éveille* une personne à un monde différent du monde physique : le monde des anges, des esprits qui vivent dans la lumière. À partir de ce moment-là, cette personne est capable de voir des choses qui restent invisibles à la plupart des gens.

Mikhaël voudrait partager avec ses parents et ses amis le bonheur qu'il vient de connaître. C'est bien difficile, car comment leur décrire des choses qu'ils n'ont jamais vues ? Les mots n'existent pas pour expliquer ce genre d'expérience. Comment leur faire comprendre que cette lumière-là, celle qui vous enveloppe pendant l'Illumination, est comme un être vivant qui vous aime tellement que vous êtes dans le ravissement ?

Tout rempli de joie, Mikhaël essaie quand même de leur décrire la beauté du monde de la lumière. Son visage rayonne comme jamais auparavant. Il est différent, plus beau encore. Dans ses yeux il y a une douceur nouvelle. Impressionnés de le voir ainsi, ses amis ont envie d'arriver eux-mêmes à cet épanouissement et s'exercent à la méditation.

Mikhaël est heureux, il répond à leurs questions et essaie de les aider. Mais peu à peu, ses amis se lassent de faire des exercices. En fait, ils ne sont pas tellement intéressés à se perfectionner, et Mikhaël en éprouve beaucoup de peine.

La musique cosmique

Depuis son extase, Mikhaël n'est pas devenu quelqu'un qui flotte au-dessus de la terre. Il ne se limite pas à la méditation et à ses lectures, au contraire, il continue à rendre service à sa mère, à fabriquer des objets utiles, à bricoler, à dessiner. De temps à autre, pour aider ses parents, il trouve un emploi temporaire.

À certains moments il travaille de ses mains, à d'autres moments il travaille avec son esprit et sa pensée. De toute sa volonté, il avance vers son idéal de perfection. Son intelligence s'élargit. Sa sensibilité, sa maîtrise de soi et sa capacité de concentration se développent.

Parfois il reçoit du Seigneur un cadeau spécial : c'est ainsi qu'un jour il entre dans un état de contemplation, qui est supérieur à celui de la méditation. Transporté très loin de la terre, il entend une musique comme il n'en a jamais entendu de toute sa vie, la *musique des sphères*.

C'est comme s'il était en plein milieu de l'univers et que tout chantait autour de lui. Il entend chanter les pierres, les fleurs, les arbres, les montagnes, les étoiles. Et même, il se sent comme s'il était lui-même fleur, arbre, étoile. Tout chante à l'intérieur de lui.

Jamais il n'oubliera cette merveilleuse expérience, et son amour pour la musique continuera à grandir. Toute sa vie, il aura besoin de musique pour son âme, comme on a besoin de nourriture pour le corps physique.

Des exagérations

Cette étape de la vie de Mikhaël est très intense. Son caractère entier le porte à augmenter ses exercices de yoga, ses jeûnes, ses respirations rythmiques. Par goût de la perfection, il ne fait jamais rien à moitié, mais à cette étape de sa vie cette qualité ne lui rend pas service, au contraire. Il tombe dans l'exagération la plus folle. Des heures et des heures de lecture, des repas trop légers, des nuits trop courtes, tout cela finit par l'épuiser.

Certaines de ses expériences *spirituelles*, comme celle de la musique des sphères, lui apportent un bonheur si intense qu'il pleure de joie. Mais d'autres le laissent parfois inquiet : par exemple, quand il a ce sentiment étrange de quitter son corps pour se retrouver dans des régions où il entend et voit des choses inconnues sur la terre. Il est parfois saisi d'angoisse parce que son âme, son esprit et son corps ne sont pas encore prêts à faire ces expériences. En fait, il va trop loin, trop vite; il est encore trop jeune.

Dolia s'inquiète de plus en plus des façons de faire de son fils, de son amaigrissement évident, de son teint pâle et de cette fatigue qui ne le quitte pas. Elle lui parle, elle lui demande d'être plus raisonnable, elle lui conseille de sortir dans le parc. Mais Mikhaël lui répond gentiment qu'il ira plus tard.

Une terrible maladie

Pendant l'hiver, Mikhaël attrape une fièvre qui s'est déclarée dans le quartier. Il devient si malade que sa mère, cette fois, n'arrive pas à le guérir. Très inquiète, elle appelle un médecin : il s'agit de la fièvre typhoïde. C'est contagieux et très grave.

Accablé de terribles maux de tête,

Mikhaël délire par moments, puis il devient inconscient et reste immobile pendant des heures. Sans se lasser, Dolia le soigne. Plusieurs fois par nuit, elle se lève pour lui donner de l'eau à boire, lui mettre une serviette froide sur le front, changer son pyjama.

Cette maladie dure un mois. À plusieurs reprises, Mikhaël est tout près de la mort. Dolia pleure et supplie le Seigneur de lui laisser son fils.

Pendant toute cette période, il y a un petit quelque chose qui veille en Mikhaël : chaque fois qu'il est conscient, il essaie de concentrer sa pensée. Les yeux fermés, il fait un effort pour respirer calmement en envoyant des rayons de lumière dans toutes les parties de son corps. C'est difficile parce qu'il a mal et qu'il est très faible, mais il prie un peu et accepte la souffrance : il sent qu'elle a le pouvoir de le purifier.

Enfin, un matin, Dolia constate que la fièvre est tombée. À partir de ce moment, chaque nouvelle journée qui passe apporte un léger mieux et la guérison s'accomplit.

Mikhaël appellera cette épreuve une « maladie de purification » parce qu'elle a eu un effet très profond sur lui, autant sur son esprit que sur son corps. Il a appris à ses dépens que la *mesure* est essentielle dans la vie pour arriver à de bons résultats. La mesure, c'est de bien choisir les activités qui nous apporteront l'équilibre.

Mikhaël a appris qu'il faut respecter les besoins du corps humain, comme le sommeil, les activités, la nourriture et la détente, qui se complètent les uns les autres; il a appris que les exagérations ne servent jamais à rien qu'à se détruire soi-même.

Deux personnages mystérieux

Un soir que Mikhaël est au lit et qu'il réfléchit à différentes choses, il a subitement une vision. Devant lui apparaît un personnage vêtu de noir qui ressemble à un prince, mais dont les yeux sombres sont remplis de quelque chose de terrible. Mikhaël sent que cet être très puissant veut lui transmettre des pouvoirs.

Un deuxième personnage habillé de blanc apparaît à côté du premier. C'est un être de lumière au regard paisible. Mikhaël comprend aussitôt qu'il doit choisir entre les deux.

Le Mage noir possède une grande puissance; il connaît la magie et toutes les méthodes pour devenir très riche, dominer les autres et les faire travailler pour lui. C'est tout cela qu'il offre à Mikhaël.

Subitement, devant ce regard noir qui le fixe et l'hypnotise, l'adolescent prend conscience du fait que lui-même possède déjà des capacités qui pourraient l'amener petit à petit à dominer les autres. En un instant, il comprend que ce sont les forces noires de destruction qui veulent se servir de lui.

Saisi de peur, il tourne les yeux vers le Mage blanc. Cet être de lumière est si beau que Mikhaël ne peut plus en détacher son regard. C'est lui qu'il choisit à cause de son visage rempli de douceur, de bonté et d'amour.

Aussitôt qu'il a fait son choix, même sans prononcer une parole, l'être ténébreux s'efface. L'être de lumière le regarde avec beaucoup d'amour avant de disparaître lui aussi. Toute la nuit, Mikhaël pense à lui. Il est émerveillé de sa beauté.

La rencontre de ces deux personnages est très importante pour lui : il a été libre de choisir par lui-même, sans que personne ne l'influence. Et dans une conscience claire de son avenir, il a décidé d'utiliser tous ses dons, toutes ses capacités pour le service de la Lumière.

Le Maître Peter Deunov

Au cours de sa longue convalescence, Mikhaël trouve enfin celui qu'il a tant cherché. Un de ses amis vient lui dire :

– Il paraît qu'un Maître vient d'arriver à Varna. Il s'appelle Peter Deunov, il a fondé une fraternité, et beaucoup de gens vont écouter ses conférences ! Pour le moment, il est à l'hôtel Londres.

Un Maître. Peter Deunov. Enfin, Mikhaël va pouvoir rencontrer l'auteur qui lui a fait tant de bien avant sa maladie.

Quelques jours plus tard, son souhait est exaucé. Alors qu'il prend un peu d'exercice en marchant dans la rue, il voit venir vers lui un homme à cheveux gris, au visage noble et volontaire. Sa démarche est rapide et vigoureuse. En le croisant, Mikhaël est tout ému, car son intuition lui dit que cet homme est Peter Deunov.

Dès le lendemain, il va se renseigner à l'hôtel. « Oui, lui dit le réceptionniste, il s'agit bien de Monsieur Deunov. »

Mikhaël n'attend pas une seconde de plus et va frapper à la porte de la chambre, où une femme le fait entrer. Peter Deunov est assis près d'une table et joue un air de violon.

– Quand vous avez frappé, dit-il, nous chantions un chant que je suis en train de composer. Chantez-le avec nous.

Surpris, Mikhaël s'assoit sur la chaise que son hôte lui indique de la main. Il essaie de chanter, mais son émotion est trop forte. Aucun son ne sort de sa gorge. Sans le regarder, Peter Deunov continue à jouer du violon en chantonnant les paroles. De temps à autre, il dépose son archet et écrit la suite de la mélodie sur une feuille de papier à musique. La jeune femme, qui est membre de sa fraternité, chante avec lui.

Enfin Mikhaël retrouve son souffle et se joint à eux. Quand l'œuvre est terminée, Peter Deunov pose son instrument sur la table, se tourne vers son jeune visiteur et lui demande ce qui l'intéresse dans la vie.

Mikhaël parle, se confie, pose des questions auxquelles le Maître Deunov répond avec bonté et clarté. Dès le début de la conversation, l'adolescent sent qu'il y a entre eux un lien très spécial. Il a enfin trouvé celui à qui il pourra demander des conseils pour réaliser son idéal de perfection et de sagesse. Plus tard, il sera lui-même un grand Maître, mais tout d'abord, comme les Maîtres de l'Inde ou du Tibet, il a trouvé un être très avancé qui va le guider pendant un certain temps.

Il est heureux. Après cette première rencontre, quand il traverse le parc pour aller au lever du soleil, il rencontre souvent Peter Deunov. À cette heure-là, il n'y a personne d'autre sur les sentiers. Le Maître soulève son chapeau pour saluer ce jeune garçon de 17 ans qui se lève si tôt pour aller contempler le soleil.

La fraternité

Mikhaël se sent très riche d'avoir trouvé un sage qui consacre sa vie à aider ses frères humains. De plus, il est profondément heureux de faire partie d'une vraie fraternité, c'est-à-dire d'une famille de gens qui choisissent de vivre comme des frères et sœurs. Dès le début, il voit clairement que cette fraternité n'est pas une secte, mais une grande famille dans laquelle les gens essaient de vivre dans l'amour. Chacun est totalement libre, chacun continue à croire au Christ et aux éléments principaux de sa foi.

De son côté, Peter Deunov observe Mikhaël et remarque son ardeur passionnée, sa recherche constante de la perfection. Afin de l'aider, il l'invite souvent à son hôtel pour une conversation, et Mikhaël devient l'un de ses visiteurs réguliers.

Pour remercier le Maître Deunov, il fait tous les matins un travail spécial pour lui : il l'imagine rempli de qualités et de vertus, il pense à lui en l'entourant des belles couleurs du prisme. Le plus souvent possible, il s'unit à lui par la pensée.

C'est par intuition qu'il travaille ainsi. Après avoir découvert à quel point la visualisation est efficace – quand il s'est guéri de sa timidité – il continue à l'utiliser pour créer de belles choses dans son esprit, pour lui-même et pour les autres.

Le service militaire

Cette année-là, Mikhaël reçoit sa convocation pour le service militaire, auquel sont obligés les garçons à l'âge de 17 ans. Évidemment, il savait que cela allait venir, mais il l'avait presque oublié.

À l'idée d'apprendre à être soldat, il est terriblement bouleversé. Lui qui désire tant la paix ne veut pas qu'on lui enseigne à se battre, à tirer sur les gens, à les massacrer. Il ne veut pas être obligé de faire la guerre un jour. Tout ce qu'il désire en ce moment, c'est continuer à aller au lever du soleil tous les matins et à suivre les activités de la fraternité.

Il se rend aussitôt chez Peter Deunov pour lui annoncer la nouvelle. Sa peine est si vive que les larmes lui viennent aux yeux. Mais le fondateur de la fraternité le regarde avec un amour paternel et le rassure :

– Tu vas t'en libérer très vite et de façon extraordinaire. Tu ne sais pas ce que le ciel prépare pour toi !

Mikhaël fait donc son petit bagage et s'en va rejoindre les autres garçons de son âge qui ont été convoqués à l'école militaire pour une période d'un an. Peu après son arrivée, il attrape un virus et tombe malade. Le chef l'envoie à l'infirmerie, mais comme il est trop souffrant pour continuer sa formation, les autorités le déclarent inapte au service militaire et lui donnent son congé.

Une fois de plus, sa mère le soigne et réussit à le guérir. Pendant sa convalescence, ses amis viennent le voir à la maison. Ceux qui n'ont pas encore l'âge de faire leur service militaire sont impatients d'avoir des détails sur la vie à l'armée, et Mikhaël leur en fait une description avec son humour habituel :

– On ne nous donnait pas des choses sur mesure là-bas... Il fallait prendre ce qui restait. Le casque que j'ai eu était tellement grand qu'il me couvrait complètement le visage ! Et les bottes ! Elles étaient tellement larges que j'aurais pu entrer tout entier dedans. Et mon fusil n'avait pas de courroie... Alors pour ne pas distraire les autres, je marchais toujours derrière.

Ses amis éclatent de rire. Il continue :

– Et quand je suis allé à l'infirmerie, il y avait un sergent qui soignait toutes les maladies avec de la teinture d'iode. Il ne connaissait pas autre chose. Même si on avait mal à la tête, il nous mettait de la teinture d'iode sur la tête !

Ce séjour dans l'armée, Mikhaël le raconte de façon amusante. Mais dans le fond de son cœur, il est très reconnaissant au Ciel de lui avoir épargné cette épreuve, même au prix d'une nouvelle maladie qui le laisse affaibli.

Un adolescent en fuite

À l'âge de 19 ans, Mikhaël décide de vivre pendant un certain temps en dehors de sa famille afin d'avoir toute la liberté nécessaire pour lire, étudier et méditer.

Un de ses oncles lui prête une vieille maison inhabitée, située au milieu d'un vignoble, près de la ville de Ternovo. Quelques-uns de ses amis de la fraternité se joignent à lui et, peu à peu, le groupe forme une vraie petite famille. Les garçons lisent, méditent, s'occupent à divers travaux dans la maison ou dans le jardin.

Un soir, ils voient arriver à travers les vignes un garçon en guenilles qui a l'air de se cacher. Mikhaël lui fait signe d'approcher. Voyant que le fugitif tremble de peur, il le fait rapidement entrer dans la maison où les autres garçons lui donnent à manger. Rassuré par toute cette gentillesse, le garçon raconte son histoire :

– Je m'appelle Dimitri. J'ai fait partie d'un groupe d'*anarchistes*, vous savez, ceux qui rejettent toute autorité… J'étais révolté contre tellement d'injustices dans notre pays, et j'ai cru que les anarchistes pouvaient construire un monde meilleur. Mais ils utilisent la violence… et finalement, j'ai compris qu'on ne peut pas guérir l'injustice par la brutalité, par les bombes…

– Tu les as quittés ? demande Mikhaël amicalement.

– En fait, tous mes amis ont été fusillés. Je suis le seul qui a pu s'échapper, et je suis recherché par la police. Mais ils ne connaissent pas mon nom, et peut-être que si je me cachais assez longtemps, ils m'oublieraient.

– Tu peux rester ici aussi longtemps que tu veux, lui dit Mikhaël.

En Bulgarie, deux ans après la fin de la première guerre mondiale, il faut du courage pour aider un fugitif, car la situation est encore très difficile et dominée par la violence policière.

C'est avec soulagement que Dimitri accepte l'invitation. Ses conversations avec ses nouveaux amis l'étonnent et lui apportent des idées nouvelles. Il décide de devenir végétarien comme eux, il apprend à méditer, il contemple le soleil à son lever. L'enseignement d'amour et de paix de Peter Deunov est pour lui une révélation. Mais comme il a l'habitude de se cacher et de s'enfuir devant le danger

d'une arrestation, il s'adapte difficile-
ment à une vie paisible.

Mikhaël, qui l'aide de son mieux, se
dit parfois : « Il agit comme si ses difficultés passées lui manquaient ! »

Le temps passe, et Dimitri finit par se
détendre, car la police perd sa trace. Dans
l'ambiance chaleureuse du petit groupe,
il s'épanouit et devient l'un des amis les
plus fidèles de Mikhaël.

Des amis du royaume de l'air

Depuis son enfance, Mikhaël a un
amour spécial pour les oiseaux; ceux-ci le
sentent, ils l'aiment aussi et sont très
présents dans sa vie. À Ternovo, il reçoit
une aide inattendue de l'un d'entre eux.

Dans cette maison isolée parmi les
vignes, il profite du silence du soir pour
lire et étudier longuement. Comme il n'a
pas de réveille-matin, il ne s'éveille pas
toujours pour le lever du soleil, et il
le regrette beaucoup. Un matin, une
mésange se pose sur le rebord de sa
fenêtre et frappe la vitre de son bec. Il
s'éveille et se met à rire en la voyant.
Sautant du lit, il va vers elle pour la
remercier. À partir de ce moment-là, elle
revient frapper tous les matins à l'aube,

et Mikhaël répond :

– D'accord, je me lève tout de suite !

Il met alors des miettes de pain sur l'appui de fenêtre. La mésange chante joyeusement, s'envole, et revient quelques minutes plus tard avec d'autres oiseaux pour faire honneur au festin.

Mikhaël est un être chaleureux qui s'émerveille de tous les prodiges, mais en fait, son lien avec la nature est si fort qu'il n'est jamais tout à fait surpris. Il sait que si nous aimons la nature dans laquelle nous vivons, les êtres qui l'habitent peuvent faire des choses étonnantes pour nous. Ces êtres invisibles, on peut les appeler des entités célestes, des anges ou des dévas. Mais ce sont toujours des créatures de Dieu qui sont là pour nous aider et qui se manifestent souvent à travers un oiseau ou un animal.

Pendant l'été, Mikhaël et Dimitri prennent le train pour Sofia, puis un autobus qui les amène vers le massif de Rila. Ils commencent l'escalade du Mont Moussala, le plus haut sommet du pays.

Les deux amis grimpent pendant plusieurs heures à travers des forêts de conifères. À 2.000 mètres, ils atteignent la partie de la montagne où il n'y a plus d'arbres. À cette altitude, il n'y a que de maigres arbustes qui poussent autour des sources et parmi les grosses pierres.

Tout en haut, la vue est magnifique sur les innombrables sommets. Un vent puissant chasse les nuages qui font courir des ombres bleues sur les montagnes.

Après avoir admiré le paysage en silence, ils se reposent un peu, puis ils font honneur à leur pique-nique. Une heure plus tard, ils commencent la descente. Mais la nuit vient et ils perdent leur chemin dans le brouillard qui a envahi toute la région. Finalement, ils sont obligés de s'arrêter. Mikhaël se tourne vers Dimitri et lui dit :

– Demandons de l'aide à nos amis invisibles… aux entités qui habitent la forêt. Concentrons-nous.

Dimitri a une grande admiration pour Mikhaël, il essaie de l'imiter en tout. Aussitôt, il se concentre de toutes ses forces. Après un moment, un oiseau se met à chanter tout près d'eux. Ils lèvent la tête et aperçoivent une fauvette sur la branche d'un arbre. Elle s'envole aussitôt et disparaît.

Mikhaël et Dimitri traversent les buissons dans la direction où elle est partie et la retrouvent posée sur une branche où elle semble les attendre. Dès qu'ils arrivent, elle repart et continue à voler de branche en branche jusqu'à ce qu'ils soient de nouveau sur la bonne route. Enchantés, les deux amis ont l'impression de vivre un conte de fées.

Mikhaël retourne au lycée

En 1920, vers la fin de l'été, Peter Deunov dit à Mikhaël :

– Maintenant, tu dois retourner au lycée pour finir tes études.

Mikhaël est si surpris qu'il n'arrive pas à articuler un seul mot. À 20 ans, retourner à l'école avec des adolescents… Il sera ridicule. Ce sera très pénible. Il finit par suggérer :

– Je pourrais étudier à la maison et me présenter aux examens…

– Non, il faut que tu ailles au lycée, répond Peter Deunov d'une voix ferme.

Mikhaël ne dit plus rien et accepte. Il se répète, encore et encore, que le Maître Deunov est un sage et qu'il a ses raisons pour lui demander de retourner à l'école avec des garçons beaucoup plus jeunes que lui. En fait, Peter Deunov lui impose cette épreuve pour le fortifier encore plus et le préparer à la mission spéciale qu'il lui confiera un jour.

Mikhaël rentre donc à Varna dans sa famille où on lui fait une vraie fête. Dolia est très heureuse de retrouver le fils aîné qui lui a beaucoup manqué. Ses frères et sœurs, dont les âges varient entre 8 et 12 ans, sont presque intimidés devant leur grand frère qui revient à la maison après une longue absence.

Il a changé, son visage est maintenant celui d'un homme, il agit avec plus de sagesse et de maturité, mais son affection chaleureuse renoue rapidement les liens étroits qui existaient auparavant entre lui et ses frères et sœurs.

Son retour sur les bancs de l'école est une dure épreuve, car les jeunes garçons se moquent sans cesse de lui. Mais Mikhaël a beaucoup d'humour, il sait blaguer avec les blagueurs, rire avec les rieurs. Peu à peu, grâce à ses manières ouvertes et fraternelles, grâce à son intelligence et à sa bonté, il gagne leur cœur. Les jeunes garçons finissent par le considérer comme un ami, ils lui font des confidences et suivent les conseils qu'il leur donne.

Un violon en cadeau

Mikhaël a plusieurs amis musiciens qui aiment se réunir pour jouer ensemble. Il a sa place parmi eux et va souvent les écouter.

Au cours de sa dernière année au lycée, il reçoit un magnifique cadeau : un ami de sa famille, qui connaît le grand rêve de sa jeunesse, lui donne un violon. Heureux comme un roi, Mikhaël s'inscrit aussitôt à l'Académie de Musique de Varna. Il travaille avec ardeur et ne se laisse arrêter par aucune difficulté. Sans se lasser, il répète et perfectionne les exercices les plus ardus. Ce qu'il veut, c'est arriver à jouer si bien que les gens auront de magnifiques pensées en l'écoutant.

À la fin de l'année scolaire, il obtient son baccalauréat. Il n'a plus qu'une envie, c'est de se remettre à ses lectures et à ses recherches personnelles. Mais le Maître Deunov lui conseille d'entreprendre des études universitaires à Sofia. Pour Mikhaël, c'est une épreuve de plus, mais il est obligé d'admettre que ces études sont une préparation nécessaire à son travail dans le monde. Une fois encore, il accepte.

Il s'inscrit à l'Université et, pendant plusieurs années, il étudie la psychologie, la pédagogie et la philosophie. De plus, il assiste à des cours libres sur des sciences qui l'intéressent, comme la chimie, la physique et la médecine.

Et bien sûr, il continue à prendre des leçons de musique. Son violon devient si important dans sa vie qu'il le transporte partout, même en montagne. Lorsque ses amis sont tristes, il joue des pièces qu'il choisit pour eux, et il arrive ainsi à leur redonner du courage.

De temps en temps, dans son entourage, des gens disent avoir été guéris par un morceau de musique qu'il a joué spécialement pour eux. En fait, si Mikhaël obtient un bon résultat avec une œuvre qu'il choisit, c'est parce qu'il reconnaît les vibrations qu'elle dégage. Son intuition lui révèle l'effet précis qu'elle aura sur un être humain, et même sur un animal : elle le calmera, lui donnera de la force ou le guérira même parfois.

Mikhaël guérit son genou

La vie d'étudiant n'est pas facile pour Mikhaël. Sa famille n'a pas les moyens de lui payer ses cours et, chaque fois qu'il a besoin d'argent, il est obligé de trouver du travail. De temps à autre, il s'embauche comme menuisier, maçon ou peintre.

En 1926, pendant l'hiver, il commence à travailler comme maçon dans un grand bâtiment en construction. Il fait très froid. Un vent glacé souffle par rafales à travers les échafaudages. Toute la journée, il pose des briques, frissonnant dans ses vêtements trop minces. Son pantalon a un grand trou sur le genou et, peu à peu, il sent sa jambe s'engourdir de froid. Le soir, son genou est si enflé qu'il a du mal à marcher, et ses compagnons doivent l'aider à rentrer chez lui.

Au réveil, le lendemain matin, son genou est devenu violet et il ne peut plus marcher du tout. Obligé de rester sur son lit, il profite de ce petit congé pour étudier l'astrologie. Quand ses amis viennent le voir, ils lui disent :

– Pourquoi est-ce que tu n'essaies pas de te guérir toi-même ?

– Et comment ?

– Par la pensée. Tu en es capable !

– Il faudrait une longue concentration, et je suis trop occupé, réplique Mikhaël.

En fait, il a déjà réussi à faire beaucoup de choses par la pensée : à 14 ans, il a influencé des gens dans le Jardin de la Mer; plus tard, il a vaincu sa timidité par la visualisation; au fur et à mesure que la puissance de sa pensée a augmenté, il a réussi à faire bien d'autres choses. Mais en ce moment son genou ne lui fait pas mal quand il ne marche pas, et il continue à étudier l'astrologie parce que cette science le passionne. Mais tout de même, il finit par se dire : « Il faut que j'essaie. Par la concentration de la pensée. Par l'amour… »

Les yeux fermés, il se concentre de toutes ses forces, il imagine des rayons de lumière éblouissante qu'il projette sur sa jambe. Très longtemps, il travaille de cette manière. Petit à petit, il sent dans son genou une chaleur qui devient de plus en plus forte, mais il continue à penser à la lumière. Finalement, après un long travail, il s'endort. Le lendemain, il se réveille guéri : sa jambe est redevenue tout à fait normale.

Au sujet de la puissance de la pensée et de la visualisation, il donnera souvent à ses amis des exemples comme ceux-ci :

– Quand vous avez peur, vous pouvez visualiser un soleil rayonnant que vous portez sur votre tête... et la peur disparaîtra. Pour réussir un examen, vous pouvez inonder de lumière votre mémoire, et même le professeur, à qui la lumière ne peut faire que du bien !

Mikhaël est encore jeune, il a 26 ans à ce moment-là, mais la plupart de ses amis sentent en lui des capacités inconnues et mystérieuses. Il apprend tant de choses sur ce monde de la lumière dans lequel il est entré à l'âge de quinze ans et demi – ce monde rempli de forces étonnantes – qu'il commence à avoir ces forces en lui-même. C'est pourquoi il est capable de se guérir, d'aider les autres, et même parfois de les guérir aussi.

Malgré toutes ses capacités, Mikhaël n'a pas l'intention de travailler comme guérisseur, clairvoyant ou astrologue. Ce qui l'intéresse dans la vie, ce n'est pas de guérir les gens, car il s'est bien rendu compte que ce n'est pas cela qui les fera évoluer. Il veut plutôt les aider à se guérir eux-mêmes, à prendre leur vie en main, à surmonter leurs difficultés par eux-mêmes.

Les Sept Lacs de Rila

Depuis plusieurs années, Mikhaël participe aux camps de la fraternité dans les montagnes de Rila. Peter Deunov, qui aime beaucoup cette région, a choisi un endroit à 2.500 mètres où il y a sept beaux lacs.

Venus de Sofia et des quatre coins du pays, les campeurs grimpent pendant sept heures, Peter Deunov en tête. Passant à côté du premier lac sans s'arrêter, ils déposent leurs bagages un peu plus haut, au niveau du deuxième lac, là où il y a davantage d'espace pour les tentes.

Tous s'assoient sur de grosses pierres et sortent de leur sac un peu de nourriture : du pain, du fromage, des fruits. Mais la nuit vient et ils doivent monter leurs tentes, installer un grand abri de cuisine. Quand tout cela est fait, ils allument un feu de branchages pour se réchauffer avant d'aller dormir.

À l'aube, les campeurs sont réveillés par un violoniste qui se promène dans le camp en jouant des airs composés par Peter Deunov. Sortant de leurs tentes, ils escaladent un grand rocher pour voir le soleil se lever derrière les montagnes.

Après une journée bien remplie de

Mikhaël en excursion à Rila avec des amis.
À sa droite, sa jeune sœur Miliana.

travaux et d'excursions, c'est le grand feu
de camp autour duquel tous se rassemblent le soir pour chanter, réciter des
poèmes, jouer du violon ou de la guitare.

Quand les campeurs regagnent leurs
tentes, Mikhaël aime rester près du feu
avec quelques amis. Enveloppé dans ses
couvertures, il regarde le ciel et remplit

son âme de la lumière mystérieuse des étoiles. Il pense : « C'est magnifique… toute la journée, on vit avec le feu ! Le matin on se lève avec le soleil, le soir c'est le feu de camp et la nuit ce sont les étoiles… »

La nature est faite de lumière

Un beau matin, une des campeuses, assez âgée, demande à Mikhaël de l'accompagner vers les sommets. Ensemble, ils montent très haut. Dans les passages rocheux, le jeune homme donne un coup de main à sa compagne.

Ils s'arrêtent pour méditer un peu dans un bel endroit couvert de mousse. La vieille femme choisit d'aller un peu plus loin sur la pente douce, et Mikhaël s'assoit sur un rocher d'où il peut admirer la beauté de la nature. Subitement, le paysage se transforme devant ses yeux : les pierres rayonnent de lumière et deviennent presque transparentes, l'herbe et les fleurs émettent des vibrations lumineuses. Partout, des couleurs comme il n'en existe pas sur la terre.

Cette vision révèle à Mikhaël que tout

ce qui nous entoure est fait de lumière. Le cœur rempli de gratitude, il pense :

« Quand nous serons assez purs, nous pourrons tous voir cette lumière, même dans les pierres les plus opaques… comme les anges, qui sont capables de la voir parce qu'ils sont purs. »

Il reste très longtemps sur le rocher à admirer, à remercier le Seigneur pour cette vision. C'est comme s'il avait été transporté dans une autre dimension…

L'influence des étoiles

La contemplation des étoiles est importante dans la vie de Mikhaël. Elle lui apporte des sensations uniques, elle l'aide à entrer en extase, elle le met en contact avec les mondes de lumière.

De temps à autre, il quitte le camp de la fraternité et monte beaucoup plus haut dans la montagne pour y passer la nuit. Après avoir choisi un endroit entre les arbustes, il entasse des aiguilles de pin pour s'en faire un lit. Enveloppé jusqu'aux yeux dans ses couvertures, il reste un long moment sur le dos pour contempler la voûte étoilée.

Une nuit, l'air est si pur et les points

de lumière sont si brillants qu'une idée originale lui vient à l'esprit. Il imagine que les étoiles se sont déclaré la guerre, une guerre magnifique sans aucune violence : elles se lancent des gerbes de lumière, le ciel est rempli d'explosions éblouissantes, la terre devient lumineuse. Cette idée lui plaît tant qu'il commence un nouveau travail : par la pensée, il projette sur le monde des rayons, des faisceaux de lumière capables d'apporter la paix et le bonheur à tous les humains.

Quand il ferme enfin les yeux, il s'endort comme un enfant sous les étoiles. À son habitude, il partage ces expériences avec ses meilleurs amis, il les entraîne dans la montagne afin qu'ils puissent eux aussi devenir « fous d'extase devant la beauté », comme il le dit lui-même.

L'amour d'une jeune fille

À l'âge de 17 ans, Mikhaël a pris la décision de ne jamais se marier afin d'être capable de se consacrer au service du Seigneur. Encore maintenant, il veut garder toutes ses forces pour ce travail; il ne sait pas quelle sera sa mission dans la vie, mais il continue à s'y préparer.

Qu'il ait renoncé au mariage ne veut pas dire qu'il soit incapable d'aimer. Il admire la beauté des jeunes filles et des femmes, mais il s'exerce à aimer cette beauté uniquement par le regard, d'une façon désintéressée.

Dans la fraternité, plusieurs jeunes filles sont attirées par lui. Il est beau, son sourire est rempli d'amour et de bonté, ses yeux expriment à la fois la compréhension et la force. Sa façon de se comporter est toute simple et fraternelle, sans jamais être ennuyeuse, car son sens de l'humour est toujours présent. Il excelle à faire rire ses amis. On se sent à l'aise avec lui, on se sent porté à faire de grandes choses.

Un jour, Peter Deunov a l'occasion d'observer une petite scène qui l'intéresse beaucoup. C'est l'été, et des centaines de personnes se sont rassemblées à la campagne, dans la région de Ternovo, pour un congrès organisé par la fraternité. Il fait un temps magnifique. Après la conférence donnée par Peter Deunov, Mikhaël monte sur une échelle appuyée à un pommier et s'installe tout en haut pour contempler la nature. Il oublie le temps.

Photo de 1936

Assis non loin de là, le Maître
Deunov voit arriver une jolie fille qui
aime Mikhaël, et que Mikhaël aime
aussi. Elle s'approche de l'échelle et
grimpe jusqu'à mi-hauteur pour lui
parler. Peter Deunov n'entend pas leurs
paroles, mais il peut constater que leur
conversation est très animée et remplie
de rires. Après un moment, la jeune fille
redescend en faisant signe à Mikhaël de

la suivre. Mais Mikhaël répond par un petit signe amical et reste en haut de l'échelle pour reprendre sa contemplation de la nature.

Quelque temps après, Peter Deunov lui dit :

– C'est à ce moment-là que j'ai été le plus content de toi. En ne suivant pas cette jeune fille, tu as montré que tu voulais rester fidèle à tes propres choix, fidèle à ce que tu veux faire dans la vie.

Le Tzigane au violon tordu

Par une belle soirée d'été, Mikhaël est en train de lire dans sa chambre à Sofia. Subitement, le son d'un violon résonne dans la rue. On dirait un ange qui joue, tellement c'est beau. Mikhaël sort de chez lui et voit que tous les voisins se sont accoudés à leurs balcons pour écouter un vieux Tzigane en guenilles qui promène son archet sur un instrument très bizarre. Quand s'éteint la dernière note, il y a un moment de silence respectueux, puis des applaudissements sonores. Mikhaël s'approche du vieillard et lui demande :

– Où avez-vous pris votre violon ?

– C'est moi qui l'ai fait, avec mon couteau.

– Me permettez-vous de l'examiner ?

Sans un mot, l'homme lui tend l'instrument, une espèce de boîte en bois un peu tordue, au chevalet placé de travers. Mikhaël l'examine avec la plus grande surprise. Comment le Tzigane a-t-il pu jouer une musique aussi pure sur ce drôle de violon ? C'est bien difficile à comprendre.

– Est-ce que vous accepteriez de le vendre ? demande-t-il.

– Ah non, je ne le vendrai jamais ! répond le Tzigane. Plusieurs personnes ont déjà essayé de me l'acheter, mais je n'ai jamais accepté, même quand on m'a offert beaucoup d'argent.

Mikhaël rentre dans sa chambre. Pour lui qui aime tirer des leçons de tous les petits événements de la vie, cette rencontre est importante. Il pense :

« Mais alors, ce n'est pas obligatoirement la perfection des instruments qui compte, c'est autre chose… Tout dépend de celui qui joue ! »

Il se dit aussi que si un musicien peut jouer d'une façon aussi merveilleuse sur un violon grossier, chaque être humain peut faire des choses fabuleuses avec sa propre vie, même quand cette vie est difficile. Il suffit de le vouloir et de s'exercer, comme on s'exerce sur un violon ou sur un piano médiocre.

« Moi aussi, pense-t-il, sur un violon très moyen, c'est-à-dire moi-même, je peux tirer quelques sons... Ce qui compte, c'est d'avoir la volonté de triompher. »

Sa vie à lui n'est pas facile, il est toujours très pauvre et doit sans cesse se priver de tout. De plus, il a déjà connu bien des jalousies de la part de certaines personnes qui n'acceptent pas sa franchise, son honnêteté, sa droiture.

Mais ce soir-là, il rêve longuement à la merveilleuse musique que le vieux Tzigane a tirée de son affreux violon et il s'endort en pensant : « Il faut que je fasse sortir de bonnes choses de mes difficultés. »

Deux chiens féroces

Au fil des ans, Mikhaël a souvent dit au Maître Peter Deunov :

– Faites de moi quelqu'un d'utile pour le monde entier.

Peter Deunov lui a déjà imposé plusieurs épreuves qui avaient pour but de le fortifier.

Le Maître Peter Deunov

Un jour il lui conseille de monter jusqu'au sommet du Moussala, seul, par une nuit sans lune, sans emporter de lampe. C'est un test très difficile, réservé à ceux qui ont beaucoup de volonté. L'escalade dure sept heures, ce qui est déjà très ardu. La solitude, l'obscurité et le danger venant des bêtes sauvages rendent l'expérience encore plus difficile à réussir.

Mikhaël choisit une nuit où le ciel est complètement couvert de nuages. Au début de la montée, dans la forêt, les ténèbres sont si épaisses qu'il ne voit rien du tout et marche à tâtons. À tout moment, il risque de tomber dans le fossé qui borde le sentier. Après un certain temps, il se demande s'il est encore sur le sentier ou s'il a dévié de sa route. Ardemment, il prie le Seigneur de le protéger.

Tout à coup, une lumière apparaît devant lui, éclairant sa route sur plusieurs mètres. Mikhaël s'arrête, très étonné : la lumière ne vient de nulle part, et pourtant, elle est bien réelle. Avec un grand rire de joie, il reprend sa montée et se met à chanter.

Quelques heures plus tard, des aboiements furieux se font entendre. Deux chiens de garde… Immobile, Mikhaël pense au Seigneur, aux anges et à toutes les puissances du monde de la lumière. Les chiens, qui l'ont senti, se rapprochent et aboient de façon de plus en plus sauvage.

Mikhaël décide d'avancer plutôt que de reculer, car s'il s'enfuit, les chiens le rattraperont pour le déchirer. Alors tout se passe très rapidement. Deux bêtes énormes sortent des ténèbres et se précipitent sur lui.

Rassemblant toutes ses forces, il pointe sa main droite dans leur direction en demandant au Seigneur de le protéger. Étrangement, il sent une décharge électrique sortir de ses doigts; autour de lui, il perçoit la présence d'êtres mystérieux et bienveillants. Aussitôt, les chiens poussent des hurlements déchirants et sont projetés loin de lui par une force invisible. Ils restent couchés là où ils sont tombés et gardent les yeux fixés au sol.

Mikhaël est tout secoué. Après avoir repris son souffle, il se met à leur parler d'une voix calme :

– Je regrette beaucoup de vous avoir donné un choc, mais vous n'auriez pas dû vous jeter sur moi…

Les chiens ne bougent toujours pas. Mikhaël attend quelques minutes pour s'assurer qu'ils ne l'attaqueront pas une seconde fois, puis il reprend son chemin en remerciant Dieu et les anges dont il a senti la présence.

Il arrive au sommet du Moussala juste au moment où le soleil se lève. Et là, devant les innombrables montagnes qui l'entourent, sa joie éclate. Il rend grâces pour la vie, pour la lumière qui a éclairé son chemin, pour la présence du Seigneur et pour son amour.

Une mission auprès des paysans

De temps en temps, Peter Deunov demande à Mikhaël d'aller vivre dans des villages très pauvres pendant plusieurs semaines. Il doit accepter le logement qu'on lui prête, une cabane ou un coin de grange. Sa mission est de parler aux gens, de leur enseigner des choses qui peuvent les aider à avoir une vie meilleure.

C'est une tâche ardue : en arrivant dans ces villages, il lui arrive d'être attaqué par des chiens de garde et, souvent, les gens sont très désagréables avec lui. Malgré tout cela, il arrive peu à peu à créer des liens avec ces êtres difficiles, à devenir leur ami. Certains d'entre eux commencent même à lui confier leurs problèmes et à lui demander des conseils.

L'hiver, deux fois par semaine, il quitte ces villages très tôt le matin pour aller écouter les conférences de Peter Deunov à Sofia. Il doit traverser une forêt où rôdent les loups. Comme toujours, il ne possède qu'une paire de sandales, mais malgré cela, il marche dans la neige pendant des heures. Son courage et sa force de caractère sont si évidents qu'un jour Peter Deunov lui dit :

– Tu as changé de peau.

Il veut dire par là que Mikhaël s'est tellement purifié que son visage est plus rayonnant que jamais, et que même la texture de sa peau a changé.

Donner de la joie

Mikhaël a un ami très riche qui est toujours triste. Il le rencontre un jour dans la rue et le salue avec un grand sourire.

– Tu as l'air bien joyeux, dit l'autre. Qu'est-ce qui t'arrive ?

– Oh, pas grand chose, répond Mikhaël, je viens d'acheter une joie pour une très petite somme d'argent.

Son ami le regarde en silence, puis il pousse un soupir et murmure :

– J'ai dépensé beaucoup d'argent dans ma vie sans obtenir aucune joie.

Mikhaël le prend par le bras. Il l'emmène vers un homme, habillé très pauvrement, qui vend des boutons et des lacets de souliers.

– Regarde, dit-il à voix basse, ici tu peux trouver la joie. Malgré le froid, la pluie et le vent, cet homme attend des clients durant des heures. Va vers lui et prends quelque chose, des lacets par exemple. Demande-lui le prix et il te dira : « C'est dix sous. » Donne-lui 50 sous et refuse la monnaie. Il pensera : « Oui, il existe encore des hommes bons dans le monde. » Il sera dans la joie, et toi aussi.

Mikhaël voit qu'un sourire se dessine sur le visage de son ami. Il continue :

– Va aussi chez un malade et apporte-lui un petit cadeau... Dis-lui que tout s'arrangera parce que Dieu est bon. En essayant d'aider les autres et de leur apporter la joie, toi aussi tu deviendras joyeux.

Mikhaël professeur

À 30 ans, Mikhaël obtient un poste d'enseignant dans un village, près de Sofia. Habitués à une discipline sévère, ses élèves sont d'abord sur leurs gardes. Mais ils s'aperçoivent rapidement que leur nouveau professeur, tout en étant exigeant envers eux, est aussi très fraternel. Bientôt s'établit entre les garçons et lui une relation basée sur la confiance mutuelle.

Les jeunes le respectent parce qu'il a une parfaite maîtrise de lui-même, mais ils l'aiment aussi parce que Mikhaël est bon, compréhensif, toujours prêt à les écouter et à leur donner quelques conseils utiles. Il ne se sert pas des méthodes qui sont en vigueur à son époque, il n'applique pas les punitions habituelles, mais quand il est obligé de sévir, chacun admet que c'est en toute justice.

La légende du grain de blé

Quelques années plus tard, Mikhaël devient directeur d'un collège de garçons. Et là, il peut enfin changer certaines choses dans les règles de l'école. Ses règles à lui sont basées sur la justice et l'amour plutôt que sur un système de punitions.

Vers la fin de sa première année comme directeur, il décide de monter une pièce de théâtre et choisit une légende de Tolstoï sur le grain de blé. Avant de distribuer les rôles, il raconte l'histoire à ses élèves :

– Il était une fois un roi qui se promenait à la campagne. Tout à coup, il voit par terre un grain de blé aussi gros qu'une noisette. Très étonné, il le ramasse et le rapporte dans son palais. Il fait venir tous les sages de son royaume pour leur demander d'où peut venir un grain de blé aussi gros. Mais personne ne le sait. On lui parle d'un homme très âgé qui pourrait peut-être le savoir, lui. Le roi le fait venir. C'est un vieillard presque aveugle qui s'appuie sur deux béquilles.

Tout en parlant, Mikhaël mime la démarche du vieillard qui se déplace péniblement à l'aide de ses béquilles.

– Alors le roi lui donne le grain de blé et lui pose la même question qu'aux autres : « D'où vient ce grain de blé ? » Le vieil homme regarde longuement le grain, puis il dit : « Majesté, je ne sais pas d'où vient ce grain géant, mais mon père le saura peut-être. »

À ce point du récit, un élève s'exclame :

– Son père ? Comment est-ce qu'il pouvait être encore vivant ?

Mikhaël sourit et répond :

– Attendez, vous allez voir. Donc le père du vieillard arrive. Mais lui, il n'a qu'une seule béquille et il a l'air plus costaud que son fils. Il marche comme ça… ce qui est déjà mieux. Mais il donne la même réponse que son fils : il ne sait pas d'où vient le grain de blé, et il parle d'aller chercher son père !

Tous les garçons éclatent de rire. Mikhaël rit aussi.

– Donc le père du père arrive. Mais cette fois, c'est encore plus surprenant : ce grand-père a l'air d'un jeune homme. Il est fort, souple, et très gai. En voyant le grain de blé, il s'écrie : « Ah ! ça c'est un grain de blé comme ceux qui poussaient quand j'étais petit ! À cette époque, le blé avait de très gros grains. Mais depuis que les hommes ont commencé à se voler et à se faire la guerre, les grains de blé sont devenus de plus en plus petits. Et si je suis plus jeune et plus robuste que mon fils et mon petit-fils, c'est parce que je continue à vivre dans l'amour, la générosité et la bonté ! »

Dès que Mikhaël a fini de raconter l'histoire, il distribue les rôles et commence les répétitions. Le jour de la représentation, les parents sont très impressionnés et applaudissent longuement. Par la suite, beaucoup d'entre eux commencent à rendre visite à ce directeur si sympathique. Pour le remercier de tout ce qu'il fait pour leurs enfants, ils lui apportent des fromages, des noix et des fruits qui embaument l'air de son bureau.

Départ pour la France

Au début de l'été de 1937, Peter Deunov invite Mikhaël chez lui et lui confie la mission de se rendre en France pour y établir une fraternité comme celle qu'il a fondée en Bulgarie. Depuis 20 ans, il lui a fait passer des épreuves très difficiles, il le connaît bien; il sait qu'il peut lui confier les missions les plus importantes.

Aux membres de la fraternité, il annonce simplement que Mikhaël part pour Paris afin de visiter l'Exposition universelle.

Mikhaël, qui a maintenant 37 ans, renonce à son poste au collège et accepte la tâche que lui confie Peter Deunov. Sans tarder, il se rend à Varna pour faire ses adieux à sa mère et à sa famille. Tout le monde croit que son séjour en France sera très court, mais en fait, il ne pourra revenir dans son pays que vers la fin de sa vie.

Pour Dolia, la séparation est douloureuse mais, comme toujours, elle accepte la vocation spéciale de son fils.

Dolia vers l'âge de 60 ans

Le 18 juillet, jour du départ de Mikhaël, ses amis, ses élèves et leurs parents sont présents à la gare de Sofia. Plusieurs d'entre eux pleurent, car ils ont le sentiment qu'ils ne le reverront jamais. Mikhaël a la même intuition et les regarde tous, le cœur rempli de peine. Le train s'ébranle. Très longtemps, il leur fait signe de la main.

À Paris, il est hébergé par un frère bulgare que Peter Deunov a prévenu de son arrivée. Sa toute première activité consiste à visiter la capitale française, ses palais, ses jardins, ses musées. Il connaît un peu le français, qu'il a appris au lycée durant sa jeunesse, et afin d'arriver à le parler couramment, il va voir des films et même des pièces de théâtre.

Un jour, il visite le Musée de cire et admire les personnages historiques qui ont l'air si réels. À la fin de l'après-midi, fatigué, il s'assoit sur une chaise placée près de quelques personnages en cire. Il ferme les yeux. Tout à coup, il entend quelqu'un dire :

– Cet homme assis, est-ce qu'il est en cire ?

– Touche-le pour voir, dit un autre.

Mikhaël ouvre les yeux et tout le monde se met à rire. Il continue à visiter le musée avec ses nouveaux amis et s'exerce à parler le français.

Chaque soir, il raconte sa journée à son ami, le frère bulgare. Après le repas, et toujours à peu près à la même heure, un grillon se met à chanter. En l'écoutant, Mikhaël se sent transporté en pleine campagne. Voyant son air rêveur, le frère se met à rire et lui dit que l'insecte s'est caché dans une fente du mur. Il ajoute :

– Ce grillon est intelligent. Un soir qu'il crissait, j'ai été agacé et furieux, et je l'ai cherché pour le tuer. Alors il a cessé de chanter, sans que je comprenne pourquoi. Bien des jours ont passé. Un soir, j'ai commencé à regretter sa compagnie et je me suis senti coupable d'avoir été brutal envers lui. Je me suis mis à souhaiter qu'il chante. Et tout de suite, il a repris son chant !

Pour Mikhaël, cela n'a rien de surprenant, car il sait à quel point les êtres de la nature sont capables de capter nos sentiments. Plus tard il raconte cette anecdote à des amis et ajoute :

– En vérité tout est vivant, même les arbres qu'on croit stupides et inertes. Ils ont de petits yeux qui nous regardent avec intelligence, ils se souviennent que nous les avons touchés ! Les insectes aussi sont sensibles et intelligents.

Frère Mikhaël

Quelque temps après son arrivée à Paris, Mikhaël rencontre une femme d'une cinquantaine d'années qui connaît déjà Peter Deunov. Son nom est Stella.

Elle annonce à tous ses amis qu'un envoyé du Maître Deunov est arrivé à Paris. Et bientôt Mikhaël commence à leur donner des petites causeries pour les aider à résoudre leurs problèmes. Les amis de Stella emmènent aussi leurs amis, et la fraternité française se forme petit à petit. Stella joue le rôle de secrétaire et prend des notes détaillées de ces causeries. Dès le début, Mikhaël dit à ses auditeurs :

– Dans la fraternité, nous faisons tous partie de la même famille. Nous pouvons nous appeler « frères et sœurs », si vous le voulez bien.

À partir de ce moment-là, lui-même deviendra « Frère Mikhaël » pour tous. En fait, les membres de la fraternité française le considèrent comme un maître capable de leur donner les meilleurs conseils. S'ils ne l'appellent pas Maître Mikhaël, c'est parce que lui-même, dans son humilité, ne veut pas de ce titre.

Puiser des forces dans la nature

Un an plus tard, les conférences de Frère Mikhaël attirent beaucoup de monde à Paris. C'est maintenant une grande fraternité qui se réunit chaque semaine autour de lui dans une salle louée pour l'occasion.

Avec beaucoup de clarté et d'exemples concrets, il parle des bienfaits du soleil à son lever, de l'importance de manger dans une atmosphère calme, de la beauté d'une vraie fraternité, et de bien d'autres sujets encore.

Sans le vouloir, il s'est fait quelques ennemis, car plusieurs Bulgares qui ont suivi l'enseignement de Peter Deunov en Bulgarie se croient plus capables que lui d'être le représentant du Maître en France. Ils le critiquent ouvertement.

Mais lui garde sa sérénité et continue son travail auprès des frères et sœurs français, qui peuvent constater ses vastes connaissances, mais aussi sa pureté, son dévouement, son amour désintéressé. En plus de leur donner des conférences, il leur apprend les chants de Peter Deunov, et un jour, il annonce qu'il leur enseignera les exercices de gymnastique pratiqués par la fraternité en Bulgarie. Il donne rendez-vous à tous dans la forêt le dimanche suivant.

Dès qu'ils sont arrivés, ils apprennent à faire ces exercices qui ont pour but d'améliorer la santé. Mais subitement, le ciel devient très sombre et des nuages noirs s'accumulent. Un orage va éclater. Tout le monde est très déçu, mais Frère Mikhaël dit en souriant :

– Soyez tranquilles, ces nuages disparaîtront quand nous commencerons à chanter.

Frère Mikhaël a vraiment une relation spéciale avec la nature et surtout avec l'Ange de l'Air : dès qu'il se met à chanter avec ses compagnons, un vent puissant se lève et chasse rapidement les nuages. En quelques minutes, le ciel est dégagé et le soleil brille de nouveau. Étonnés, les participants écoutent Frère Mikhaël parler des forces de la nature :

– Remarquez comme la forêt est belle et comme les arbres sont magnifiques…

Et il leur donne une méthode très efficace pour puiser des énergies dans les grands arbres :

– Tous les arbres sont des réservoirs de forces venues de la terre et du soleil, et on peut y puiser ces forces. Voici comment : vous choisissez un grand arbre… vous vous y appuyez en tenant votre main gauche sur votre dos, la paume appuyée contre le tronc. En même temps, vous placez votre main droite sur votre plexus solaire.

Tout en parlant, il fait des gestes précis avec ses mains, afin que ce soit bien clair pour tous.

– Vous vous concentrez sur l'arbre en lui demandant de vous donner une partie de ses forces. Il se produit alors une sorte de transfusion d'énergies que vous recevez par la main gauche et que vous déversez dans votre plexus solaire par la main droite. Ensuite vous remerciez...

Pendant qu'il donne ces explications, une salamandre traverse l'espace formé par le cercle de ses auditeurs et s'arrête à ses pieds. Elle reste là à le regarder de ses petits yeux brillants.

Devant cette manifestation du lien qui existe entre la nature et les êtres humains, Frère Mikhaël sourit. Il se penche, prend la petite bête et la garde dans la paume de sa main. Confiante, elle reste immobile, les yeux fixés sur lui. Quand il la repose par terre, elle retourne lentement vers le bois.

Un frère paralysé

De temps à autre, des gens viennent remercier Frère Mikhaël de les avoir aidés à surmonter leurs difficultés, de les avoir guéris. Frère Mikhaël les écoute en souriant, mais il répond que c'est le Seigneur qu'il faut remercier.

Un jour il est invité à aller voir un homme, paralysé depuis deux ans, pour qui les médecins ne peuvent plus rien faire. Après lui avoir posé plusieurs questions et écouté ses réponses avec une grande attention, il lui dit :

– Vous pouvez guérir si vous le voulez vraiment. Si vous y croyez de toutes vos forces, vous pourrez marcher, d'ici un ou deux mois.

Il lui explique ce qu'il peut faire pour y arriver : des respirations calmes et profondes, la méditation, des prières spéciales. Les membres de la famille, présents à l'entrevue, n'en croient pas leurs oreilles et se mettent à murmurer de façon déplaisante. C'est pourtant eux-mêmes, appuyés par le médecin, qui ont demandé à Frère Mikhaël de faire quelque chose pour le malade. Mais comme ils s'attendaient à un miracle facile, ils sont déçus.

Le malade, lui, croit fermement aux méthodes de Frère Mikhaël. Les jours suivants, il met en pratique tous ses conseils et, petit à petit, il peut constater une lente amélioration. Deux mois plus tard, à la grande surprise des médecins, il peut finalement recommencer à marcher.

Dans une conférence, Frère Mikhaël donne quelques explications au sujet de la guérison de ce frère que tous connaissent; c'est en partie par la puissance de la pensée qu'il est arrivé à se guérir :

– La pensée est comme un « liquide nerveux » qui circule dans le corps et qui nourrit toutes les cellules. On peut l'utiliser pour libérer tous les « canaux » intérieurs que sont les veines et les artères et permettre aux forces spirituelles de vivifier les cellules en les remplissant de lumière.

Frère Mikhaël aide un pianiste

L'influence de Frère Mikhaël s'étend bien au-delà de la fraternité. Un jour, un virtuose bien connu lui envoie une vingtaine de billets pour son prochain concert. Il écrit : « Amenez vos amis ». Ce pianiste connaît Frère Mikhaël de réputation, mais il n'ose pas venir à ses conférences parce que sa femme ne s'y intéresse pas et s'en méfie même.

Le soir du concert, les membres de la fraternité trouvent des places un peu partout dans la salle. Quant à Frère Mikhaël, il est conduit sur l'estrade où des chaises supplémentaires ont été alignées. Très ennuyé d'être mis en vedette, il ne peut pourtant pas refuser de prendre sa place. La situation devient très embarrassante pour lui : dans la salle, des gens lui font de grands signes, et il reconnaît plusieurs personnes qui viennent à ses conférences. De plus, en entrant en scène, le pianiste l'aperçoit et le salue avant même de s'incliner devant l'assistance !

Le concert commence. Frère Mikhaël voit bien que le musicien n'est pas en forme. Son regard est triste, il a l'air fatigué, il joue sans enthousiasme. Sa technique est parfaite, mais il n'arrive pas à mettre dans son jeu l'expression qui donne à la musique sa vie et sa grandeur.

L'assistance est déçue, les applaudissements sont tièdes. À l'entracte, Frère Mikhaël décide de se rendre dans la loge du pianiste et le trouve assis dans un fauteuil, l'air déprimé. Prenant place en face de lui, il lui reproche de se laisser aller au découragement.

– Il faut changer d'attitude, vous redresser et rentrer sur la scène avec hardiesse. Vous verrez, le reste de votre concert sera magnifique.

Le musicien l'écoute et finit par se secouer. Ses yeux s'animent, il se lève avec détermination et serre la main de Frère Mikhaël. Il retourne sur la scène complètement transformé et se remet à jouer en mettant tout son cœur dans la musique. Le public applaudit à tout rompre et le rappelle plusieurs fois.

Pendant que la salle se vide, Frère Mikhaël est invité à se rendre encore une fois dans la loge. Et là, la femme du pianiste l'accueille avec un grand sourire et le remercie de façon chaleureuse. Elle se rend bien compte qu'il a sauvé le concert et fait beaucoup de bien à son mari.

Comment maîtriser la peur

En 1939, deux ans après l'arrivée de Frère Mikhaël en France, la deuxième guerre mondiale est déclarée. La violence, les bombardements et les batailles entre les forces armées ont commencé. Et Frère Mikhaël continue à parler de la paix et de l'harmonie. Lorsque des gens lui avouent qu'ils ont terriblement peur des bombes, il leur dit comment dominer leur peur.

– Tout le monde peut avoir peur, même les gens courageux. Les vrais braves, les héros connaissent la peur comme tout le monde, mais ils la maî-trisent.

Lui-même, quand il a rencontré des chiens féroces dans la forêt du Moussala, il a connu la peur, mais il l'a maîtrisée en se liant à Dieu; il a fait face au danger et il a été protégé… Et maintenant, il dit à ses frères et sœurs français que lui aussi a parfois peur durant cette terrible guerre :

– L'autre jour, j'ai eu peur en sortant de la gare. Les canons tonnaient plus fort que d'habitude et des éclats d'obus tombaient tout autour de moi. J'ai décidé de courir. Mais plus je courais, plus la peur augmentait en moi. Alors, fâché contre moi-même, je me suis arrêté et j'ai fait un effort de volonté pour me calmer. Vous voyez, en courant j'avais déclenché la peur, qui est toujours là, au fond de nous.

Il les regarde avec affection et con-tinue :

– Je vais vous dire une chose : quand on a peur, il faut rester immobile un petit instant et se lier à Dieu. Alors la lumière augmente en nous et il est plus facile de maîtriser cette peur.

Un jeune garçon qui se cache

Ce n'est pas seulement aux adultes que Frère Mikhaël conseille de regarder la peur en face. Il fait aussi confiance aux jeunes. Une nuit, il est réveillé par le téléphone et reconnaît la voix d'une femme qui est membre de la fraternité. Elle murmure :

– Frère Mikhaël, des agents de la Gestapo sont venus cogner à ma porte ! Ils ont braqué sur moi une grosse lampe. Ils veulent emmener un jeune garçon juif que je cache chez moi. J'ai réussi à les faire attendre dehors et j'ai dit au garçon de ne pas essayer de s'enfuir. Je lui ai promis que vous le sortiriez de là. Pouvez-vous faire quelque chose ?

Frère Mikhaël décide de faire appel au courage du jeune garçon et répond :

– Dites-lui de ne pas se cacher des agents, de rester calme et poli avec eux et que rien ne lui arrivera.

L'adolescent est courageux. Il fait face aux deux hommes et répond à toutes leurs questions avec la plus grande franchise. Une chose étonnante se passe alors : les policiers semblent avoir oublié qu'ils devaient l'arrêter et lui disent de retourner au lit !

Ce garçon n'est pas le seul que Frère Mikhaël soutient de son amitié et de sa sagesse. Il continue à aider tous ceux qui ont besoin de lui.

Izgrev

Pendant la guerre, il est dangereux pour la fraternité de se réunir, car tous les rassemblements publics sont interdits. Les frères et sœurs de Paris prennent la décision de louer une maison qui devient le lieu de rencontres de la fraternité. Frère Mikhaël lui donne un nom bulgare, *Izgrev*, ce qui signifie *soleil levant*. Il s'y installe avec plusieurs personnes, dont Stella et un frère du nom de Jean. Ancien champion de course automobile, Jean est tout dévoué à Frère Mikhaël, toujours prêt à le conduire partout où il doit se rendre.

Ceux qui habitent le nouveau centre fraternel sont heureux d'être ensemble et s'efforcent de vivre dans l'amour et le respect de la liberté de chacun.

C'est à Izgrev que Frère Mikhaël donne maintenant ses conférences. Dans cette « maison fraternelle », il parle très souvent de la vraie fraternité qu'il veut établir sur la terre : il souhaite que tous les hommes, les femmes et les enfants du monde s'aiment les uns les autres, qu'ils s'entraident, qu'ils vivent comme des frères et sœurs d'une même famille puisqu'ils sont tous des enfants de Dieu. Il dit souvent :

– Un centre fraternel doit être un vrai foyer de lumière. Il peut avoir une bonne influence sur toute la ville et attirer les bénédictions du ciel sur la population.

Frère Mikhaël à 45 ans.

Frère Mikhaël sous l'orage

La guerre est enfin terminée. Un soir d'été, Frère Mikhaël revient à Izgrev par le métro. À la sortie, il s'aperçoit que la pluie tombe avec violence. Il est vêtu d'un costume gris clair et n'a pas de parapluie. Pensant aussitôt à l'Ange de l'Air, il lui demande d'interrompre l'orage jusqu'à ce qu'il soit arrivé chez lui. Aussitôt, la pluie s'arrête et Frère Mikhaël monte la rue en courant. Arrivé à Izgrev, dès qu'il a passé le portail, l'orage recommence. Jean, qui fait du pain dans la cuisine, lève les yeux en le voyant entrer et dit, tout étonné :

– Mais il pleut très fort ! Et vous n'avez pas une seule goutte sur vous !

Frère Mikhaël se met à rire. Il est heureux. Sa pensée monte vers les Anges des quatre éléments : le feu, l'air, l'eau et la terre. Il remercie spécialement l'Ange de l'Air, qui est le maître des vents et des mouvements dans l'atmosphère.

Des ennemis se manifestent

À 46 ans, Frère Mikhaël a tant d'influence, il a maintenant un si grand nombre de frères et sœurs dans sa fraternité que des dirigeants d'autres groupes sont jaloux de lui. Plusieurs personnes lui en veulent aussi pour différentes raisons : elles lui ont demandé de faire de la magie ou des actions malhonnêtes pour elles, et il a refusé. Plusieurs fois, elles lui ont offert beaucoup d'argent, mais elles n'ont jamais réussi à l'influencer.

Tous ces gens veulent se venger. Ils forment un plan pour lui faire beaucoup de tort. Tout d'abord, ils se mettent à propager des calomnies, des mensonges à son sujet et au sujet de sa fraternité.

Mais Frère Mikhaël est un être rempli d'amour. Jamais il n'a détesté personne, jamais il n'a eu de haine dans son cœur. Et son amour est si grand qu'il pardonne à tous ceux qui veulent lui faire du mal. Son plus cher désir est de toucher leur cœur et de les aider à devenir meilleurs. Il est convaincu que même les êtres les plus méchants peuvent se transformer sous l'influence de l'amour.

Malgré tout, ses ennemis sont décidés à se débarrasser de lui. Après avoir propagé des mensonges et des critiques pendant des mois, ils prennent les grands moyens : ils font parvenir à la police des lettres signées par de faux témoins. Ces lettres accusent Frère Mikhaël d'avoir fait différentes choses graves, qu'il n'a en réalité jamais faites.

Et lui, devant ces calomnies, devant l'angoisse de ses frères et sœurs, il reste calme et serein. Il leur conseille de pardonner à leurs ennemis et de chasser de leur esprit toutes les pensées négatives. Il leur rappelle ceci :

– Quand vous avez des pensées négatives, elles vous font autant de tort à vous qu'aux gens auxquels vous les envoyez !

Un matin de janvier 1948, des policiers arrivent au centre fraternel, arrêtent Frère Mikhaël et le conduisent en prison.

Pour toute la fraternité, c'est la pire des épreuves. Tous ceux qui connaissent Frère Mikhaël ont pu constater sa bonté, sa pureté, son honnêteté. Ils savent bien que toutes ces accusations sont fausses, mais ils sont démoralisés, découragés. Plusieurs sont très inquiets pour Frère Mikhaël, car ils savent que la prison où il est détenu est inhumaine. Depuis qu'il y a été emmené, personne n'a eu le droit de le voir.

Après le terrible choc de son arrestation, les membres de la fraternité réfléchissent aux meilleurs moyens de le défendre. Stella essaie de trouver un bon avocat. En attendant, ils se réunissent tous les matins pour prier avant de se rendre à leur travail. Ils espèrent, ils patientent, mais à leur grand désespoir, six longs mois se passent et les autorités ne parlent toujours pas de procès. Eux-mêmes ne peuvent rien faire, car c'est au procès seulement qu'ils pourront essayer de prouver l'innocence de Frère Mikhaël.

La date est enfin fixée à la mi-juillet, mais un autre malheur arrive : quelques jours avant le procès, l'excellent avocat que Stella avait trouvé meurt subitement. Et le jour où Frère Mikhaël est jugé, l'épreuve devient encore plus terrible : ses ennemis sont si habiles qu'ils arrivent à le faire condamner à quatre ans de prison.

La prison

Dès son arrivée en prison six mois avant le procès, Frère Mikhaël s'était entouré de lumière pour se protéger de tout ce qu'il avait senti de négatif et de mauvais autour de lui. Par la pensée, il avait fortifié son aura, cette couche d'énergie invisible qui protège le corps humain. Il avait essayé de garder toutes ses forces pour survivre dans cet endroit terrible.

Et maintenant, le procès l'a rempli de tristesse, car il a été témoin du comportement méprisable de certains de ses ennemis : c'étaient des gens qu'il connaissait bien, auxquels il avait donné beaucoup d'attention et d'amour.

Un mois après sa condamnation, il est transféré dans un camp de prisonniers appelé La Châtaigneraie. Les règlements y sont un peu moins sévères que dans la première prison, et Stella et Jean obtiennent enfin la permission de le voir pendant une trentaine de minutes.

Frère Mikhaël est heureux de les retrouver et de leur parler. Après leur avoir demandé des nouvelles de tous ses frères et sœurs, il leur donne des conseils pour garder la paix et la joie dans leur cœur à travers cette épreuve. Son visage est pâle et amaigri, mais ses yeux expriment une paix profonde. Il leur dit qu'il se sent libre, même en prison. Il ajoute :

– Je crois que la vérité et la lumière auront la victoire.

À la Châtaigneraie, les prisonniers sont logés dans de grandes baraques. Ils sont très nombreux, bruyants et agressifs.

Les repas sont infects, composés de pain moisi, d'huile rance et de pommes de terre à moitié pourries qui flottent dans l'eau.

Dès l'automne, le froid rend la situation très pénible, car les fenêtres, qui sont pourvues de barreaux, doivent rester ouvertes jour et nuit pour combattre les mauvaises odeurs. Au fur et à mesure que l'hiver avance, la situation devient intolérable. Pour se réchauffer, les hommes tournent en rond dans la baraque en tapant du pied contre le sol.

Assis sur son lit qui est placé sous la fenêtre, Frère Mikhaël passe beaucoup de temps à méditer. Lui aussi a très froid, mais son esprit s'échappe le plus souvent possible de la prison.

Les hommes les plus durs se moquent de lui et lui jouent de mauvais tours. Par ailleurs, d'autres commencent à s'approcher pour lui parler, car ils voient bien que ce nouveau prisonnier est différent d'eux. Quelques-uns commencent même à le voir comme un saint dans ce mauvais milieu.

Frère Mikhaël sauve un adolescent

Un jeune garçon, qui a commis des vols à main armée, est tellement découragé qu'il veut se suicider; la vie en prison est trop dure, il ne peut plus la supporter. Il observe le nouveau venu et le voit agir comme un homme libre, parler à tous avec politesse et bonté : les jours de visite, quand des membres de sa fraternité viennent le voir, Frère Mikhaël partage le pain, la confiture et le fromage qu'il a reçus avec ceux qui n'ont pas de famille ou d'amis.

Le jeune garçon décide de lui parler de son projet de suicide. Mais à sa grande surprise, il est sévèrement grondé, alors qu'il s'attendait à être approuvé ou consolé ! Frère Mikhaël lui parle de l'importance de la vie et ajoute :

– C'est toi qui peux transformer ta vie si tu le veux. Quand tu sortiras d'ici, ce ne sera pas facile de trouver du travail, mais si tu as du courage, tu peux tout recommencer autrement et faire un succès de ta vie.

Tous les jours, le jeune garçon lui pose de nouvelles questions. Il réfléchit beaucoup et retrouve un peu de courage. Finalement, il perd le désir de se suicider, il fait des projets pour un avenir meilleur.

Plusieurs autres détenus se mettent à avouer à Frère Mikhaël les crimes qu'ils ont commis. Dans cette prison, il devient pour eux un frère, un ami, un guide qui les écoute et les conseille. Au jour le jour, c'est du courage et de l'espoir qu'il leur donne.

Peu à peu, les conditions se transforment. Les gardiens, qui ont pu constater sa bonne influence sur les autres prisonniers, deviennent aimables. Eux aussi commencent à lui confier leurs problèmes et à lui demander des conseils.

Même le Directeur de la prison est maintenant convaincu que ce détenu si différent des autres n'est pas un criminel, mais un homme exceptionnel qui a été victime d'un complot. Il le fait souvent venir dans son bureau pour de longues conversations.

Frère Mikhaël continue à consoler, à instruire ses compagnons. La nuit, il se sent plus libre, son esprit peut traverser les barreaux et monter vers Dieu. Par la pensée, il travaille avec la lumière et la projette sur le monde, comme il le faisait autrefois dans les montagnes de Rila.

Frère Mikhaël est libéré

Après deux ans de prison, Frère Mikhaël est libéré. Plusieurs personnes qui avaient signé des lettres mensongères ont été prises de remords en réalisant ce qu'elles avaient provoqué. Le jour de sa libération, c'est Stella et Jean qui vont discrètement le chercher.

À Izgrev, Frère Mikhaël retrouve sa fraternité. Fatigué et amaigri par son séjour en prison, il parle longuement à ceux qui se sont rassemblés autour de lui ce jour-là. Sachant qu'ils ont beaucoup souffert eux aussi pendant cette terrible période, il leur dit :

– Il ne faut pas voir le mal comme un ennemi. C'est lorsque vous avez des épreuves que vous trouvez en vous-mêmes des forces que vous ne connaissiez pas avant. Et vous pouvez transformer le mal en bien quand vous vous en servez pour devenir meilleur et plus fort.

Les membres de la fraternité pleurent de joie. Ils sont très impressionnés par la bonté de Frère Mikhaël, qui ne prononce que des paroles de pardon pour ses pires ennemis.

Plusieurs de ces ennemis regrettent

maintenant d'avoir contribué à le faire condamner et font des efforts pour réparer leur injustice. Certains lui écrivent même pour lui demander pardon. Mais ce ne sera que dix ans plus tard que le tribunal proclamera son innocence.

Des auras reflétées sur la brume

L'amour de Frère Mikhaël pour les montagnes est toujours aussi fort que dans sa jeunesse. À l'automne de l'année suivante, il part avec quelques frères pour faire l'escalade du Pic du Midi d'Ossau, dans les Pyrénées. Arrivé au sommet, il passe un long moment à contempler les montagnes, puis il rejoint ses compagnons et s'assoit avec eux.

Au moment où ils redescendent, le brouillard monte de la vallée et devient très épais. C'est alors qu'une chose fantastique se produit : les compagnons de Frère Mikhaël voient leurs silhouettes reflétées devant eux sur l'épaisse couche de brume. Ces silhouettes sont entourées de cercles lumineux teintés des couleurs de l'arc-en-ciel.

L'aura de Frère Mikhaël est immense à côté des leurs. C'est si beau que tous s'arrêtent pour admirer les couleurs.

Frère Mikhaël leur dit :

– Les êtres du monde de la lumière vous ont permis de voir vos auras reflétées sur le nuage pour vous montrer qu'il existe des choses qu'on ne voit pas, mais qui sont très importantes.

Il leur sourit avec affection, puis il part en avant, courant presque sur la pente. Encore une fois, ses compagnons sont témoins d'une chose étonnante : ils voient Frère Mikhaël diviser le brouillard en deux avec de grands gestes, ils voient ce brouillard se replier de chaque côté de lui. On dirait qu'il ouvre un passage de lumière pour eux.

Le Bonfin

Sur la Côte d'Azur, près de la ville de Fréjus, frère Jean possède un petit terrain appelé *Le Bonfin*. Il décide d'en faire cadeau à la fraternité, qui commence aussitôt à y organiser des congrès d'été.

Au Bonfin, les activités sont les mêmes que dans les montagnes de Rila. Les participants campent sous la tente et Frère Mikhaël donne ses conférences à table après le repas, sous un abri de roseaux.

Il habite une minuscule caravane que Jean a construite pour lui avec de vieux matériaux. Lorsque *le mistral*, ce vent glacial qui descend des Alpes se lève, la caravane tremble comme si elle voulait s'envoler.

Frère Mikhaël donne à ses frères et sœurs beaucoup de méthodes pour se lier à Dieu, aux anges, à la nature. Par exemple, il leur suggère de saluer toute la création le matin en disant : « Je veux être en harmonie avec vous », ce qui a une bonne influence sur toute la journée. Le Bonfin est comme une école où ils apprennent à vivre dans l'amour fraternel.

Un été, la fraternité achète une grande baraque qui est transportée au Bonfin sur des camions. C'est un Italien appelé

Frère Mikhaël donne des explications sur la façon
de chanter les chants de la fraternité.

Carodano qui est engagé pour construire plusieurs chalets avec le bois de la baraque. Quelques jours plus tard, après le lever du soleil, Frère Mikhaël descend du rocher avec la foule de ses frères et sœurs autour de lui. Carodano, perché sur le toit d'un chalet qu'il est en train de terminer, dépose son marteau et se penche en avant. Frère Mikhaël s'arrête.

– Qu'est-ce qu'il y a, Carodano ?

– J'ai compris. Aujourd'hui, j'ai compris !

– Ah, et qu'est-ce que vous avez compris, Carodano ? demande Frère Mikhaël.

– J'ai compris ce que vous faites !

– Mais expliquez-vous… qu'est-ce que je fais ?

Alors Carodano, toujours assis sur son toit, se met à raconter une histoire :

– En Italie, j'ai connu un monsieur riche qui était toujours triste. Un jour, il m'a invité à boire avec mes copains. Il espérait que notre joie se communiquerait à lui. Nous, on buvait, on riait et on chantait, mais il nous regardait avec son air sombre. À la fin, il est parti sans rien dire. Et voilà ce que j'ai compris, vous donnez la joie et le sens de la vie à vos frères et sœurs !

– Bravo, Carodano ! dit Frère Mikhaël. Et comment avez-vous trouvé cela ?

– Sur leur visage… Quand je vous ai vus descendre ensemble, j'ai enfin compris ce que vous leur donnez.

Dans les montagnes de l'Himalaya

En 1959, Frère Mikhaël annonce qu'il va partir pour l'Inde, ce pays d'Orient où beaucoup de Maîtres ont vécu. Il va y rester un an. Son absence va causer un grand vide dans la fraternité, mais ses frères et sœurs comprennent que ce séjour en Inde est important pour lui. Le jour de son départ, ils l'accompagnent à l'aéroport d'Orly pour lui dire au revoir.

C'est après un long voyage que Frère Mikhaël arrive dans ce pays tropical où le soleil règne en maître. Il se rend d'abord dans l'Himalaya, là où se trouvent les plus hautes montagnes de la terre. L'Himalaya est si élevé qu'on l'appelle « le toit du monde ». Pendant plusieurs mois, Frère Mikhaël y reste seul pour prier, méditer, se promener dans les montagnes et au bord des lacs.

Un jour, il monte très haut, jusqu'à 5.000 mètres. Et c'est alors qu'il lui arrive quelque chose de merveilleux, sans qu'il l'ait cherché : au moment où il est en train de grimper, il s'aperçoit qu'il n'a aucun effort à faire. C'est comme s'il s'était mis à voler. Ses pieds ne touchent plus le sol, il se sent léger comme l'air. Il monte et descend de cette façon plusieurs versants de montagne.

Frère Mikhaël est très surpris de pouvoir faire cela sans s'être exercé, car c'est une chose que seules des personnes très expérimentées du Tibet ou de l'Inde peuvent réussir. Ce sont en général des moines ou des ermites qui passent des années à s'y entraîner. Pour lui, c'est un vrai cadeau du ciel qui lui apporte une grande joie.

Nimcaroli Babaji

Quelques mois après son arrivée en Inde, Frère Mikhaël rencontre un grand Maître, Nimcaroli Babaji. Ce Maître a beaucoup de pouvoirs, il apparaît et disparaît comme il le veut, il guérit les gens et les aide de différentes façons.

Frère Mikhaël, qui a beaucoup entendu parler de lui, désire le voir. Ne sachant trop comment le trouver, il lui envoie un message par la pensée au moment où il se trouve dans les montagnes, près d'une ville appelée Almora. Nimcaroli Babaji, pour qui la télépathie est très facile, reçoit son message et vient lui-même le rencontrer.

Une profonde amitié s'établit entre Frère Mikhaël et Babaji. Ils n'ont pas toujours besoin de paroles pour se comprendre, et leurs rencontres sont remplies de joie et d'humour. Quand Nimcaroli Babaji présente Frère Mikhaël à différentes personnes, il leur dit :

– Voici mon ami, un yogi et un grand saint.

Les gens saluent alors le compagnon

de Babaji avec respect en s'inclinant jusqu'à ses pieds.

Le nouveau nom *Omraam*

Après sa dernière rencontre avec Frère Mikhaël, Nimcaroli Babaji l'invite à aller passer quelque temps dans un ashram situé dans les montagnes. Un ashram est un endroit où des gens habitent ensemble avec leur maître spirituel, appelé *gourou*.

À son arrivée, Frère Mikhaël est accueilli par un moine qui a fait vœu de silence et qui répond à ses questions en écrivant sur une ardoise. Pendant toute une semaine, il passe des heures à méditer, à contempler les montagnes, à communier avec les anges qu'il sent autour de lui.

Pendant son séjour à l'ashram, un événement important se produit : dans un des temples de la montagne, il rencontre trois grands sages. L'un de ces sages est saisi d'une inspiration divine et lui donne un nouveau nom, Omraam. C'est un moment sacré, Frère Mikhaël le sait, et il accepte de porter ce nom. À partir de ce jour-là, il se présente à tous sous le nom d'Omraam Mikhaël.

Depuis sa jeunesse, il a tant travaillé à se perfectionner, à développer l'amour et toutes les qualités en lui-même que cela se voit sur son visage et dans son comportement. En Inde, la plupart des gens le reconnaissent comme un Maître. Quand il leur dit son nom, plusieurs lui donnent aussitôt le titre de *Maître Omraam Mikhaël*. Ils lui demandent de les bénir, car dans ce pays la bénédiction d'un Maître est considérée comme très précieuse.

Un Maître

Un Maître, c'est quelqu'un qui a fait beaucoup d'efforts, beaucoup d'exercices pour se maîtriser, dans le désir de devenir parfait comme le Père céleste. Un Maître n'est pas quelqu'un qui domine les autres, c'est au contraire quelqu'un qui se domine lui-même, et c'est seulement pour cela qu'il peut être appelé Maître.

Il a travaillé sur la maîtrise de ses pensées, de ses sentiments et de ses actions. Il n'a laissé entrer dans sa tête que des pensées qui pouvaient le stimuler à avancer vers son idéal et à aider les autres. Jamais il ne s'est laissé aller à haïr ou à mépriser personne, au

*C'est en Inde que Frère Mikhaël a commencé
à porter la barbe, sur le conseil de Babaji.*

contraire, il a cultivé dans son cœur des sentiments d'amour et de générosité. Il a essayé d'être utile à tous ceux qu'il a rencontrés.

Il a travaillé à construire sur la terre un royaume de paix et d'amour, une famille heureuse pour les hommes, les femmes et les enfants du monde entier.

Le jeune Mikhaël que nous avons suivi depuis son enfance est devenu un Maître. Il a travaillé sans relâche pour acquérir cette maîtrise, non pour son profit personnel, mais pour la gloire de Dieu. Toute sa vie, il a voulu être un serviteur du Seigneur, et son amour pour Lui est si grand qu'il est sans cesse conscient de sa présence.

Comme tous les vrais Maîtres spirituels, il est désintéressé : jamais il n'exploite les gens en leur demandant de l'argent, jamais il ne leur impose sa volonté. Le respect de la liberté de chacun inspire toute son attitude envers ceux qui viennent vers lui, les adultes, les adolescents, les enfants. Le désintéressement d'un Maître est toujours un signe auquel on peut se fier dans la recherche d'un guide.

Sur les routes de l'Inde

Pendant toute l'année qu'il passe en Inde, le Maître Omraam Mikhaël visite un grand nombre d'ashrams. Il fait la connaissance de plusieurs gourous célèbres qui ont beaucoup de disciples.

Un des personnages importants qu'il rencontre est Nityananda Maharaj, qui a la réputation d'être à la fois un sage et un clairvoyant qui ne se trompe jamais dans ses prédictions. À son arrivée dans l'ashram, il est invité à s'asseoir devant Nityananda. Le gourou le salue sans prononcer une seule parole et ferme les yeux. Voyant que Nityananda est entré en méditation, Omraam Mikhaël fait de même. Après un long moment, Nityananda ouvre les yeux, le regarde et lui dit :

– Vous avez le cœur pur, la paix est dans votre âme, tous les pouvoirs vous sont donnés. Et vous avez déjà vécu dans ce pays, vous vous êtes incarné en Inde dans le passé lointain…

Après cette visite, le Maître Omraam Mikhaël continue à parcourir les routes de l'Inde. Il y rencontre souvent des hommes qui se sont déguisés en mendiants afin de se consacrer à la méditation, à la recherche de la perfection. Ces hommes s'arrangent pour ne pas être reconnus parce qu'ils ne veulent pas devenir des gourous et enseigner à des disciples.

Quand le Maître Omraam Mikhaël les aperçoit sur les chemins, il les reconnaît sous leur déguisement et leur adresse la parole. Eux aussi le reconnaissent. D'habitude, ils ne parlent à personne, mais à lui ils répondent avec un grand respect. Plusieurs d'entre eux, qui sont devenus des clairvoyants à force de purifier leurs pensées et leurs sentiments, lui disent :

– Vous êtes un *Mahatma*.

Ce qui veut dire un grand chef spirituel, un sage et un saint.

Retour en France

Un an après avoir quitté la France, le Maître Omraam Mikhaël rentre à Paris où il retrouve les frères et sœurs de sa fraternité. Ils sont nombreux à l'aéroport qui attendent avec impatience le moment de le revoir. Mais quand il apparaît au contrôle de sortie, c'est une surprise : ses cheveux sont devenus tout à fait blancs et il porte une courte barbe blanche qui lui donne une ressemblance avec Peter Deunov. Plusieurs personnes sont tellement émues qu'elles pleurent de joie.

Arrivé à Izgrev, le Maître voit bien que tous ses frères et sœurs n'attendent qu'une chose : qu'il leur parle de son séjour en Orient. Dès le lendemain, malgré la fatigue de son long voyage, il leur donne une conférence sur son expérience en Inde. Et les jours suivants, il leur en parle encore, mais comme toujours il essaie de leur apporter des idées qui peuvent les stimuler et les aider dans leur vie de tous les jours.

Il a maintenant 60 ans. C'est toujours avec la même simplicité qu'il agit, mais on sent en lui quelque chose de plus, quelque chose de mystérieux qu'il a reçu en Inde, dans l'Himalaya.

Le Maître et les enfants

Pendant toutes les années qui suivent, les congrès d'été au Bonfin rassemblent des frères et sœurs toujours plus nombreux. Le matin, après la méditation sur le rocher, quand le soleil est déjà bien au-dessus de l'horizon, le Maître Omraam Mikhaël se lève pour saluer ceux qui sont venus nourrir leur âme de lumière au lever du soleil.

Il descend de la butte rocheuse et marche lentement sur la colline en les saluant tous. Après toutes ces années avec sa fraternité, il est comme un père de grande famille. Il parle aux adultes, il s'occupe spécialement des enfants et les caresse avec beaucoup de douceur.

Dans sa poche, il garde toujours un sac de bonbons qu'il distribue de façon très consciente, parce qu'un objet crée un lien entre la personne qui le donne et celle qui le reçoit.

Et quand la personne qui le donne est spécialement avancée – un saint ou un Maître – l'objet est rempli de choses très bénéfiques qui peuvent aider la personne qui le reçoit, dans sa santé ou même dans sa recherche de la perfection.

Presque tous les matins pendant les congrès d'été, les enfants présentent leurs dessins au Maître Omraam Mikhaël. Il les félicite, mais toujours, il les encourage à faire encore mieux.

Quand il se dirige vers la descente pour rentrer à son chalet, les enfants se bousculent pour prendre sa main, et c'est toujours entouré d'une foule de jeunes qu'il arrive au portail de son jardin.

De temps à autre, les enfants préparent pour lui un petit concert, ils chantent en s'accompagnant de leurs violons et de leurs flûtes. Son amour pour la musique est toujours aussi grand, et personne n'est surpris de le voir demeurer un moment en silence quand les enfants ont terminé. Parfois il a même les larmes aux yeux, tant il est ému.

Chaque fois il les félicite, il leur dit des choses qui peuvent les aider à grandir, à acquérir cette vraie sagesse qu'il a désirée lui-même dès son enfance.

Un petit concert donné par les jeunes.

*Les enfants aiment aussi préparer
des petites saynètes*

Le Maître et les adolescents

Un jeune garçon appelé Olivier va voir le Maître Omraam Mikhaël dans son jardin au Bonfin. Il lui avoue qu'il ne réussit pas bien dans ses études.

– Et puis, je trouve ça tellement long, je m'ennuie à l'école.

– Ça ne m'étonne pas… ! s'exclame le Maître. J'étais comme toi quand j'étais jeune…

Olivier reprend courage et demande :

– Et alors… est-ce que je dois finir mes études ? Je n'aime pas étudier.

– Malgré que ce soit un peu difficile, répond le Maître, malgré que ce soit ennuyeux, il faut finir tes études. Je te comprends parce que c'était la même chose pour moi. J'ai quitté l'école avant la fin. Eh ! oui… Mais après, je suis allé finir mes études, parce que le Maître Peter Deunov m'a conseillé de le faire.

Olivier murmure d'un air malheureux :

– Aux derniers examens, j'ai échoué…

– Ça ne fait rien, il faut finir les études, parce que c'est difficile et qu'il faut toujours s'attaquer à ce qui est difficile. Si tu cherches la facilité, c'est toute ta vie qui deviendra difficile.

Le jeune garçon baisse les yeux sur

ses mains. Il ne répond pas. Le Maître continue :

– Si tu ne finis pas tes études, tu n'auras pas de travail et personne ne t'acceptera nulle part. Tandis qu'avec un diplôme, un papier… Tu sais, nous sommes à l'époque de la paperasse !

Le Maître regarde son jeune visiteur et fait des gestes expressifs, il mime un peu :

– Alors si tu présentes cette paperasse, on t'accepte partout, mais si tu n'as pas cette paperasse, tu dois aller laver les assiettes dans un restaurant !

Olivier se met à rire.

– Et même, peut-être qu'il n'y aura pas de place dans un restaurant ! Ou bien tu devras aller casser des pierres sur la route… Et même, peut-être qu'il n'y aura pas de pierres !

Il rit de bon cœur avec Olivier qui se détend tout à fait et dit :

– Oui, Maître… Je comprends.

Si les jeunes aiment le Maître Omraam Mikhaël, c'est parce que l'amour jaillit de lui comme une source. Ils finissent toujours par se rendre compte que ses exigences sont néces-saires. Même quand il est sévère, c'est son amour qui est le plus grand. Il n'essaie pas de leur rendre les choses plus faciles, car ce n'est pas comme cela qu'ils deviendront forts; il leur donne plutôt des méthodes pour bien développer leurs qualités et bien utiliser leurs énergies. Il leur dit :

– La vraie force est en vous-mêmes. Vous avez en vous la capacité de vous dominer, de devenir nobles et grands.

Il leur explique que toutes leurs pensées, toutes leurs actions ont des conséquences : s'ils envoient des pensées mauvaises à quelqu'un, ils recevront des pensées mauvaises eux aussi; tandis que leurs pensées positives et lumineuses leur apporteront la joie. Il ajoute :

– Vous connaissez l'écho ? Par exemple, si vous criez dans la montagne : « Je vous déteste, je vous déteste ! » l'écho vous répondra : « Je vous déteste, je vous déteste ! » Mais si vous criez : « Je vous aime, je vous aime ! » l'écho vous répondra : « Je vous aime, je vous aime ! »

La transformation
du plomb en or

Bien souvent, le Maître Omraam Mikhaël emploie la formule populaire *Bonne continuation*. La continuation, c'est de continuer les choses qu'on entreprend; et dans la vie, chacun a besoin de beaucoup de volonté pour ne pas s'arrêter à la première difficulté.

Bien souvent, les jeunes parlent au Maître de leurs problèmes. À Nadia, une adolescente, il dit un jour :

– Je vais t'expliquer quelque chose : les chimistes utilisaient autrefois un liquide coloré dans lequel ils versaient, goutte à goutte, un *acide* ou une *base*, c'est-à-dire deux produits chimiques contraires. Si le liquide était acide, on ajoutait la base, et vice versa. À mesure qu'on ajoutait des gouttes, le liquide finissait par changer de couleur : s'il était rouge, il devenait bleu...

Il s'interrompt et attend. Après une hésitation, Nadia termine :

– Et s'il était bleu, il devenait rouge.

– Voilà. Et c'est la dernière goutte qui produit la transformation. Alors tu vois, c'est toi qui peux faire ce travail… Encore une goutte, encore une ! Bonne continuation… jusqu'à ce que le rouge devienne bleu !

Le Maître explique à Nadia que ce travail est le même que celui des alchimistes du passé qui essayaient de transformer le plomb en or; il affirme que toutes les difficultés, qui sont comme des cailloux désagréables, peuvent être transformées en pierres précieuses pour notre âme.

C'est ce qu'il a fait lui-même, toute sa vie, dans les conditions les plus difficiles, dans la pauvreté, les persécutions et même la prison. À travers tout cela, il a tant aimé Dieu, il a tant travaillé sur lui-même qu'il est devenu ce qu'il est aujourd'hui, un Maître vers qui on va, un conseiller qu'on écoute, un pédagogue dont on suit les conseils, un sage qu'on imite.

Le bien et le mal

Si l'alpiniste veut arriver jusqu'au sommet de la montagne, il a besoin de toute sa volonté. Bien souvent, au cours de son ascension, il a envie de redescendre parce que c'est très difficile : ses mains sont écorchées, ses pieds deviennent lourds, son visage est brûlé par le soleil... Et cette image est celle de notre vie à chacun.

À un groupe de jeunes, le Maître dit :
– Vous voyez, il faut utiliser le mal au lieu d'essayer de le détruire. Par

exemple… Je suppose que vous n'aimez pas le fumier ?

– Non, Maître !

– Moi non plus ! Mais les fleurs et les légumes l'aiment, ils en ont besoin. Donc, ce qui est un mal pour vous est un bien pour d'autres !

Les yeux remplis de gaieté, il les regarde tous l'un après l'autre : des garçons et des filles dont les âges varient entre 8 et 15 ans. Il s'adresse à l'une des filles :

– Et si tu devais courir pieds nus sur une route parsemée de pierres coupantes, est-ce que tu aimerais ça ?

– Ah, non, Maître ! s'exclame-t-elle. Je vois… Ce serait un mal pour moi… mais pour qui est-ce que ça pourrait être un bien ?

Le Maître les regarde maintenant avec un grand sérieux :

– Les pierres coupantes, qui sont des *aspérités*, ne sont pas agréables sur une route, et elles ne sont un bien pour personne. Mais elles sont nécessaires sur les parois d'une montagne que vous voulez escalader. Si la paroi de la montagne était tout à fait lisse, vous ne pourriez pas grimper jusqu'au sommet, vous passeriez votre temps à glisser vers le bas... Sur la route, vous supportez les aspérités qui sont un mal, mais en montagne vous vous en servez et ça devient un bien.

Rire et remercier

Une petite fille lui écrit un jour : « Cher Maître, je vous aime et j'ai envie de rire. »

Cette courte lettre le touche tellement qu'il en parle ensuite dans une conférence :

– Cette petite sœur m'a révélé une chose formidable : lorsqu'on a un surplus d'amour, on a envie de rire.

Autrement dit, ça déborde. Quand on aime, on est joyeux. Le rire, c'est ce qui déborde quand on aime beaucoup.

Et c'est parce que son cœur déborde d'amour que le Maître aime rire. Souvent, pendant ses conférences, il raconte des histoires très drôles, afin que ses auditeurs puissent se détendre. Il dit que le rire est magique et provoque de bonnes choses en nous. Il dit aussi que sa fraternité est l'école du rire.

Une autre chose qu'il considère comme magique, c'est le mot *merci*. Il conseille à tous de remercier chaque jour des dizaines de fois pour toutes les choses

Une petite fille vient d'offrir une rose au Maître.

qu'ils reçoivent sans cesse du Seigneur :
tout d'abord la vie, et tant de cadeaux –
les joies, l'amour, la générosité des autres,
l'amitié – qui sont des richesses pour le
corps, pour le cœur et l'intelligence.

Les deux yogas du Maître

Il y a maintenant des années que le
Maître Omraam Mikhaël Aïvanhov parle
à ses frères et sœurs du chemin de la
lumière. Il leur répète que le soleil, au
moment de son lever, émet les radiations

les plus bénéfiques pour le corps et pour l'âme.

Il explique qu'à ce moment précis de la journée, tous les êtres humains peuvent recevoir des énergies qui leur donneront la santé, l'énergie, et même l'amour. C'est ce qu'il appelle le yoga du soleil.

On sait que le mot yoga signifie *union*, et cet exercice est donc l'union à Dieu à travers la lumière du soleil. Le yoga du soleil peut conduire chacun, dans la lumière, vers Dieu qui est la source de tout. Le Maître ajoute :

– Le soleil est la meilleure image de Dieu que nous puissions avoir. Avec sa lumière et sa chaleur, c'est lui qui nous garde en vie.

Toujours, il essaie d'aider les gens à se lier au Seigneur et à devenir des êtres lumineux et pleins d'amour. Un jour il dit :

– Les rayons du soleil sont comme des wagonnets remplis de nourriture : il y a tout ce qu'il faut pour manger, pour boire, pour comprendre.

Voyant ses frères et sœurs sourire à l'idée des wagons, il reprend :

– Oui, oui, ce sont des petits wagonnets ! Vous pouvez imaginer un rayon de soleil comme si c'était un long train formé de milliers de petits wagons de lumière. Chacun de ces wagonnets est rempli d'énergie et de force pour notre corps, d'amour et de joie pour notre cœur, de lumière et d'idées créatrices pour notre intelligence, d'élan et d'enthousiasme pour notre âme... Par la pensée, il est possible de prendre toutes ces choses, de les boire et de les manger.

En plus du yoga du soleil, le Maître Omraam Mikhaël enseigne un second yoga qu'il appelle le *yoga de la nutrition* et qu'il a lui-même découvert à l'âge de 14 ans.

Il dit que la nourriture est comme une lettre d'amour envoyée par le Seigneur, et qu'elle est remplie de beaucoup d'énergies qu'on ne peut pas voir, mais qu'on peut recevoir si on est conscient de ce qu'on fait. En mangeant, on se lie à toute la création et on donne à son corps toutes les énergies qui sont cachées dans la nourriture. Pour y arriver, il faut manger dans le calme et l'harmonie.

Les sept rayons

Depuis qu'il a reçu un prisme en cadeau à l'âge de 14 ans, depuis qu'il a découvert la beauté des sept couleurs, le

Maître n'a pas cessé de travailler avec la lumière. Il porte toujours à la main une canne sur laquelle il a fait fixer un beau cristal. Ce n'est pas une canne pour s'aider à marcher, car il n'en a pas besoin. Il l'appelle son *bâton*. En fait, cette canne est comme le bâton du berger qui guide son troupeau.

Bien souvent, il met le cristal au soleil et regarde longuement les sept couleurs. Il dit qu'il nourrit son *corps de gloire*.

Tous les êtres humains possèdent ce corps de gloire, celui qui ne sera pas détruit après la mort, ce corps de lumière dans lequel l'esprit de chacun continuera à vivre et à respirer dans le monde invisible.

Tout d'abord, le Maître se concentre intensément sur le violet, sur le bleu ou sur le jaune. Petit à petit, ces couleurs apparaissent dans sa pensée et se répandent dans tout son corps. Par l'imagination, il fait entrer dans son âme les qualités particulières de chacune des sept couleurs.

Jamais il ne pense qu'il a déjà acquis toutes ces vertus, au contraire, il dit toujours qu'il a encore beaucoup de travail à faire pour atteindre son idéal. C'est cela, la vraie humilité : toujours regarder vers ceux qui sont plus grands que nous et travailler pour leur ressembler.

Omraam Mikhaël revoit sa mère

Dolia est maintenant âgée de 95 ans. Elle n'a jamais revu son fils depuis qu'il a quitté la Bulgarie en 1937, car Mikhaël n'a jamais pu retourner dans son pays. S'il y était retourné, il aurait perdu le droit de vivre en France et de continuer son travail.

Mais en 1971, il leur est enfin possible à tous deux de faire le voyage vers la Macédoine pour se rencontrer à Serbtzi. Accompagné de deux frères de sa fraternité, le Maître Omraam Mikhaël quitte le Bonfin en voiture pour faire le long voyage jusqu'au village de son enfance.

Dolia vient de Bulgarie avec son fils Alexandre. Pour elle, le voyage est très long et fatigant. La dernière fois qu'elle a vu Mikhaël, il avait 37 ans et ses cheveux étaient encore noirs. Malgré qu'elle ait reçu des photos de lui au fil des ans, elle éprouve une profonde émotion en le voyant avec sa barbe blanche et ses cheveux tout blancs.

Pour la mère et le fils, c'est un grand bonheur de se retrouver après tant d'années, mais au moment de se quitter, ils savent tous les deux qu'ils ne se reverront plus dans cette vie.

Au village, le Maître Omraam Mikhaël a déjà rendu visite à la cousine tisserande, très âgée maintenant, dont il avait abîmé le tissage à l'âge de quatre ans. Il lui a offert un beau cadeau pour réparer le malheur qu'il lui avait causé.

Le Maître avec deux petites filles.
Celle qu'il regarde est la fille de son frère Alexandre.

Une fois rentrée à Varna, Dolia dit à l'une de ses petites-filles :

– Je craignais de pleurer au moment où je le verrais avec ses cheveux tout blancs, mais j'ai réussi à retenir mes larmes. J'étais très émue, mais je voulais que l'ambiance reste belle, et surtout, je ne voulais pas le troubler.

Deux ans après avoir revu son fils, la longue vie de Dolia se termine paisiblement, le 5 août 1973.

Il faut parler aux animaux

La nature est notre milieu de vie, mais nous ne sommes pas toujours conscients de nos liens avec elle, nous ne nous rendons pas suffisamment compte que dans la nature, tout est vivant.

Pour Omraam Mikhaël Aïvanhov, la nature est comme une mère attentive et pleine d'amour. Depuis sa jeunesse, il a toujours été conscient de la présence des anges et des esprits de la nature. Il a reconnu l'intelligence spéciale mise par le Créateur dans les animaux et même dans les plantes. Il dit parfois :

– Il faut parler aux animaux, aux fleurs, aux esprits, aux ondines, aux sylphes, il faut leur demander de travailler

Le Maître parle aux colombes de son jardin.

pour que le Royaume de Dieu vienne sur la terre.

Lui-même vibre à l'unisson avec la nature partout où il se trouve. Les oiseaux viennent vers lui, les biches s'approchent pour le contempler pendant qu'il médite; les écureuils entrent dans sa chambre, ils s'installent sur sa table de travail et restent près de lui. Comme toujours, il leur parle, il les caresse avec douceur.

Les Anges des Quatre Éléments

Il arrive parfois au Maître Omraam Mikhaël de demander aux anges de purifier la terre, quand les hommes ne sont pas assez conscients pour la respecter. Une année, lors d'un voyage en Israël, il visite la ville de Jérusalem, puis il va méditer dans une grotte où les gens font des pèlerinages. C'est le lendemain d'un jour de fête, et il y a partout des saletés.

Mécontent de la négligence de tous ceux qui salissent un lieu sacré, il fait appel à l'Ange de l'Air et à l'Ange de l'Eau. Il leur demande de tout purifier. Aussitôt, la pluie se met à tomber. L'orage dure plusieurs heures, le vent souffle avec violence, emportant toutes les saletés. Quand le soleil revient, tout a été balayé, nettoyé. En Israël, il ne pleut pas souvent à cette époque de l'année et, le lendemain, tous les journaux parlent de cet orage exceptionnel.

Il faut savoir qu'un Maître, avant d'acquérir le pouvoir d'agir sur les éléments de la nature, est arrivé à maîtriser beaucoup de choses en lui-même. Si le Maître Omraam Mikhaël est capable de faire ce genre de choses, c'est parce qu'il vit en harmonie avec tout l'univers. C'est aussi parce qu'il connaît les liens invisibles qui existent partout : les liens entre les anges et les hommes, les liens entre Dieu et ses créatures, les liens entre les quatre éléments de la nature, le feu, l'air, l'eau et la terre.

Il aime toujours autant le feu que dans sa jeunesse. Maintenant, ce n'est plus le feu physique qu'il essaie d'allumer, mais un feu d'amour très pur dans le cœur de tous ceux qu'il rencontre. Chaque année, autour du grand feu de la St-Michel au Bonfin, il suggère à ses frères et sœurs de demander à l'Ange du Feu de les purifier. Quant à sa relation avec l'Ange de l'Air, elle est si spéciale qu'il dit parfois :

– J'ai fait une alliance avec lui.

Il le prie en différentes circonstances. Bien souvent, il lui demande de dégager le ciel le matin pour que ses frères et sœurs puissent voir le lever du soleil.

Parmi les Anges des quatre éléments, il y aussi l'Ange de la Terre qu'il prie souvent. Quand il touche un arbre ou un rocher, il le fait en sachant que toute la nature est vivante. Dans son jardin au Bonfin, beaucoup d'arbres fruitiers ont été plantés. Au fil des ans, les pommiers, les poiriers, les pruniers et les amandiers sont devenus superbes. Le jour de leur plantation, le Maître les a caressés en demandant à l'Ange de la Terre de les bénir, de les rendre magnifiques et productifs. Quelques années plus tard, les fruits de ces arbres sont spécialement beaux et savoureux.

Il explique à ses frères et sœurs comment ils peuvent se lier aux Anges des quatre éléments afin de recevoir les énergies de la nature.

Une mission d'amour

C'est la fraternité universelle que le Maître Omraam Mikhaël veut établir dans le monde. Une vraie fraternité entre tous les êtres humains de toutes les races et de toutes les religions. C'est cela qu'il appelle le Royaume de Dieu sur la terre.

Un royaume d'amour, de joie et de paix. Une famille dans laquelle les gens apprennent à se comprendre, à se pardonner, à mieux s'aimer.

La petite fraternité qu'il a fondée en France s'est fortifiée, elle s'est étendue dans le monde à un grand nombre de pays. Un peu partout, des gens lisent ses livres. Ils suivent son enseignement sur la lumière, sur la façon dont on peut travailler sur soi-même. Cette fraternité est comme une graine minuscule mais remplie de promesses.

Pour faire pousser cette graine, le Maître l'a répété bien souvent, le plus important est d'établir l'harmonie et l'amour en soi-même : ce n'est que de cette façon qu'on pourra l'établir autour de soi. Lorsque chacun des êtres humains se comportera de façon fraternelle, la fraternité pourra s'étendre à toute la terre.

*Le feu de la St-Michel au Bonfin
avec toute la fraternité.*

« Je suis avec vous,
même plus qu'avant »

Le Maître Omraam Mikhaël est maintenant âgé de 85 ans. Il a rempli sa mission en y consacrant toutes ses forces : il a travaillé à éclairer ses frères humains, il a essayé de les aider à devenir de véritables serviteurs de la lumière. Et pourtant, même à la fin de sa vie, il répète qu'il n'a pas encore commencé son vrai travail.

Ses frères et sœurs ne comprendront cela qu'après son départ de la terre : ils comprendront que son vrai travail ne pouvait être fait que dans le monde invisible, ce monde de la lumière que nous ne pouvons pas encore voir.

Sur la terre, il ne pouvait que poser les bases d'une fraternité d'amour, comme on pose les fondations d'une maison. Le reste devait se réaliser dans le monde de la lumière : c'est là que les Maîtres ont toute leur puissance parce qu'ils sont libres des obstacles du monde physique.

En 1985, il se prépare à quitter cette terre. À la fin du mois de septembre, la fête de la Saint-Michel est en fait son dernier adieu à sa fraternité : personne ne sait que la conférence de ce soir-là, autour du grand feu, est la dernière. À la fin de la veillée, il dit à ses frères et sœurs avec beaucoup de tendresse dans la voix :

– Je suis toujours avec vous, même si je n'y suis pas physiquement. Je suis avec vous, même plus qu'avant.

Pendant toute l'année qui suit, il se prépare dans le silence à son départ pour ce monde invisible où vont toutes les âmes après la mort du corps physique.

Il ne donne plus de conférences, mais il envoie plusieurs messages à sa fraternité. Dans presque toutes ses lettres, il demande à ses frères et sœurs de devenir des modèles, de vivre dans l'amour. Il leur répète qu'il doit partir pour faire son vrai travail dans le monde invisible.

Le jour de Noël 1986, son âme quitte son corps et traverse la mystérieuse frontière qui existe entre le monde physique et le monde de la lumière.

La mort est une naissance

Quelques jours après Noël, beaucoup de membres de la fraternité se rendent au Bonfin pour dire adieu au Maître. Ils ont tous beaucoup de chagrin à l'idée de ne plus jamais le revoir, mais ils essaient de trouver la paix du cœur.

Pour nous, sur cette terre, la mort d'un être cher est très douloureuse parce que nous ne pouvons voir que le corps physique privé de vie. Mais pour la personne qui a quitté ce corps, ce n'est pas vraiment la mort. C'est un voyage vers un autre monde, le début d'une vie différente. C'est une naissance dans un nouvel univers, celui de la lumière.

Au moment de la mort, l'âme abandonne simplement ce corps qui n'était que temporaire, et elle voyage dans des mondes qui sont beaucoup plus beaux que celui que nous connaissons.

Dans la chambre où le corps du Maître repose, il y a une intense sensation de vie. Ceux qui y entrent ne peuvent s'empêcher de se rappeler ses propres paroles à propos de la mort des grands Maîtres : lorsqu'ils ont quitté leur corps physique, leur corps de gloire reste présent, il rayonne et donne de la vie aux êtres qu'il touche.

Partout dans le monde, ceux qui ont suivi son enseignement et qui l'ont aimé comme un père se rassemblent ces jours-là pour relire ses derniers messages et remercier le Ciel. Ils n'ont pas oublié ce qu'il leur disait à propos de la gratitude :

– Remerciez, remerciez mille fois !

Le mot *merci* est un mot magique qui déclenche de belles choses dans votre âme.

C'est ce qu'ils essaient de faire, malgré leur peine. Ils disent merci.

Si le Maître Omraam Mikhaël Aïvanhov a choisi de partir le jour de Noël, c'est parce que c'est le jour où l'Esprit du Seigneur vient tous les ans illuminer l'univers de sa merveilleuse lumière.

« Je suis avec vous, même plus qu'avant. »

TABLE

Bibliothèque des enfants
Éditions Prosveta

Éditeur – Distributeur
Éditions PROSVETA S.A. – B.P. 12 – F – 83601 Fréjus Cedex (France)
Tél. : (00 33) 04 94 40 82 41 – Téléc. : (00 33) 04 94 40 80 05
www.prosveta.com – Courriel : **international@prosveta.com**

Distributeurs

ALLEMAGNE
PROSVETA Deutschland – Postfach 16 52 – 78616 Rottweil
Tél. : (49) 741-46551 – Téléc. : (49) 741-46552 – Courriel : prosveta.de@t-online.de
EDIS GmbH, Mühlweg 2 – 82054 Sauerlach
Tél. : (49) 8104-6677-0 – Téléc. : (49) 8104-6677-99

AUSTRALIE
SURYOMA LTD – P.O. Box 798 – Brookvale – N.S.W. 2100
Tél. et téléc. : (61) 2 9984 8500 – Courriel : info@suryoma.com

AUTRICHE
HARMONIEQUELL-VERSAND – A-5302 Henndorf, Hof 37
Tél. et téléc. : (43) 6214 7413 – Courriel : info@prosveta.at

BELGIQUE
PROSVETA BENELUX – Liersesteenweg 154 B-2547 Lint
Tél. : (32) 3/455 41 75 – Téléc. : (32) 3/454 24 25 – Courriel : prosveta@skynet.be
N.V. MAKLU – Somersstraat 13-15 – B-2000 Antwerpen
Tél. : (32) 3/231 29 00 – Téléc. : (32) 3/233 26 59
VANDER S.A. – Av. des Volontaires 321 – B-1150 Bruxelles
Tél. : (32) 27 62 98 04 – Téléc. : (32) 27 62 06 62

BRÉSIL
NOBEL SA – Rua da Balsa, 559 – CEP 02910 – São Paulo, SP

BULGARIE
SVETOGLED – Bd Saborny 16 A, appt. 11 – 9000 Varna
Tél. et téléc. : (359) 52 23 98 02 – Courriel : svetgled@revolta.com

CANADA
PROSVETA Inc. – 3950, Albert Mines – North Hatley, QC J0B 2C0
Tél. : (1) 819 564-8212 – Téléc. : (1) 819 564-1823
Sans frais au Canada : 1-800-854-8212
Courriel : prosveta@prosveta-canada.com – www.prosveta-canada.com

CHYPRE
THE SOLAR CIVILISATION BOOKSHOP
73 D Kallipoleos Avenue – Lycavitos – P.O. Box 4947 – 1355 Nicosie
Tél. : 02 377503 et 09 680854 – Courriel : pulper@dm.net.lb

COLOMBIE
PROSVETA – Avenida 46 No 19-14 (Palermo) – Santafé de Bogotá
Tél. : (57) 232-01-36 – Téléc. : (57) 633-58-03

ESPAGNE
ASOCIACIÓN PROSVETA ESPAÑOLA
C/Ausias March, no 23 Ático – SP-08010 Barcelona
Tél. : (34) (3) 412 31 85 – Téléc. : (34) (3) 302 13 72
Courriel : aprosveta@prosveta.es

ÉTATS-UNIS
PROSVETA U.S.A. – P.O. Box 1176 – New Smyrna Beach, FL 32170-1176
Tél. et téléc. : (904) 428-1465
Courriel : sales@prosveta-usa .com – www.prosveta-usa.com

AGMV Marquis

MEMBRE DU GROUPE SCABRINI

Québec, Canada
2000